마흔에 만나는 9가지 질문

마흔에 만나는 9가지 질문

| 강준린, 요시다 히사시 지음 |

씽크북

1

Q 첫 번째 질문 : 돈
얼마나 벌어야 합니까?

2

Q 두 번째 질문 : 인간관계
당신 곁에는 누가 있습니까?

Q 세 번째 질문 : 시간관리
오늘은 무엇을 끝낼 겁니까?

3

6

Q 여섯 번째 질문 : 가족
가족에게 무슨 말을 전하고 있습니까?

9

Q 아홉 번째 질문 : 노후

어떤 모습이 떠오릅니까?

'마흔' 하면 무엇이 떠오르나요. 마흔이 되면 모든 게 달라집니다.
맨 처음으로 건강이 달라지고, 직장에서의 존재 가치도 달라집니다.
가정에서도 엄청난 무게로 자신을 시험하려고 합니다.
마흔이 되면 지금까지 앞만 보고 달려온 자신을 돌아다보고 새롭게
다져야 합니다.

이 책은 나만의 '답'을 찾기 위한 책입니다. 그것이 이 책의 기본
컨셉입니다.
중요한 건 살면서 마주하게 되는 문제를 어떻게 극복할 것인가.
곰곰이 따지고 들어보면 내가 안고 있는 문제를 해결하고 더욱 행
복하게 살아갈 수 있다면, 그 방법이야 무엇이 됐든 어떻습니까!.
이 책은 그 점에 중점을 두었습니다.

"마흔 살"에 포커스를 맞춘 이유는 두 가지입니다.
첫 번째는 인생의 다양한 면에서 문제와 마주칠 경우가 많은 세대
라는 것,
두 번째는 마흔 살을 경험한 제 자신이 그 점에 매우 공감할 수 있
기 때문입니다.

그런 것보다는 읽는 분이 자신의 문제를 보다 적극적으로 생각해보게 하거나, 자신의 답을 이끌어낼 수 있는 다양한 질문들을 던지고 있습니다.

책을 읽고 무언가를 공부하기를 바라는 것이 아니라 읽으면서 상황을 말하게 하는 것이 목적입니다.
하지만 이것은 독자분들이 스트레스를 덜 받고 자신을 돌아다보고 상황에 맞는 방안을 찾아보는 방법입니다.

주제는 마흔에 한 번쯤 점검해 봐야 하는 요소를 크게 9개로 나누어 구성했습니다.
'돈', '인간관계', '시간관리', '학습', '건강', '가족', '미래', '휴식', '노후' 입니다.
또 하나 가장 큰 요소인 '일'은 앞에 언급한 요소 전부와 관련이 있겠죠.
이 분류에 어떤 규칙이 있는 것은 아닙니다.
지금 당신이 가장 관심을 가지고 있는 점에 따라 아무 거나 원하는 순서대로 읽으면 됩니다.

마흔을 행복하게 맞이하고 즐기기 위해, 다가올 미래를 위해 책을 펼쳐보세요.
자. 그럼 함께 마흔의 인생에 대해 여행을 떠나 볼까요.

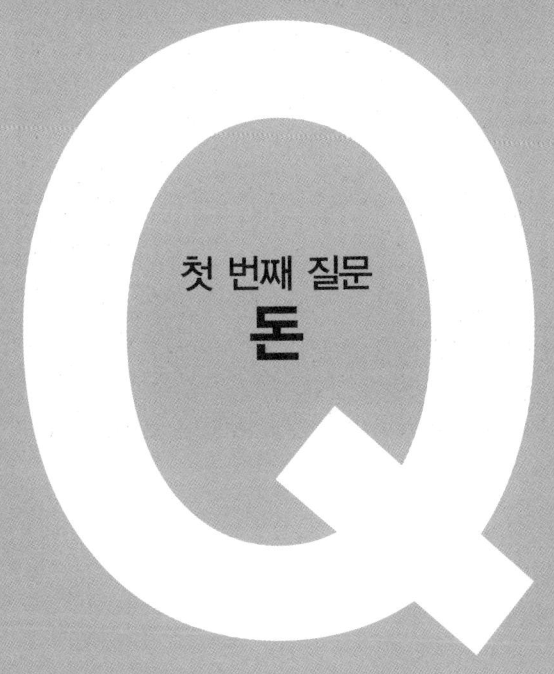

얼마나 벌어야 합니까?

요즘은 노조가 임금인하를 묵인하는 시대가 되었습니다.

샐러리맨 대부분이 연봉 인상은 둘째치고 현상 유지조차 불안하게 생각하고 있습니다.

그러나 다른 편에서는 돈이 부족하다, 수입을 더 올리고 싶다는 생각을 하게 되는 것이 현실일 겁니다.

'꼭 올리고야 말겠다'고 다짐했을 때, 앞으로 무엇을 할 수 있습니까?

'수입이 늘면 좋겠는데'라는 이도 저도 아닌 발상은 무의미합니다.

그건 '하지만 실제로는 어림없지'라는 부정적인 의식만 나타내는 겁니다.

이런 막연한 생각은 아무 의미가 없습니다.

예를 한 가지 소개할까요.

어느 중소기업의 K부장입니다.

모 세미나 휴식시간에 돈에 대한 이야기가 화제에 올랐습니다.

'복권에서 10억원이 당첨된 사람에게 당첨금 사용법을 코치한다' 가 그날의 실습 주제였기 때문입니다.

"거참, 정말이지 10억원이 뚝 떨어졌으면 좋겠어요. 우리 회사 실적으로는 월급 인상은 기대할 수도 없고, 좀 전의 이야기는 아니지만 복권에 걸 수밖에 없죠(웃음)."

저는 그렇게 말하는 K씨에게 물었습니다.

"정말로 월급이 안 올라요?"

"당연하죠. 요즘 같은 시대에 오를 리가 없죠."

만약에 오른다면 얼마나 더 올리고 싶으세요?

"그야 기본이 원체 적으니 한 3,000만원은 더 올리고 싶죠. 하하하하."

앞의 질문에 당신이라면 뭐라고 답할 건가요?

저는 K씨에게 다시 이렇게 물었습니다.

진지하게 생각해 주세요. 정말로 올릴 수 있다면 얼마를 예상하세요?

제가 '정말로'에 힘주어 질문하자 K씨의 표정이 약간 긴장된 것 같았습니다.

"정말로라면……. 성과급의 비중이 높아졌으니까, 실적을 올리면 한 500만원 정도는 더 받을 수 있지 않을까."

여기서 K씨의 마음에 어떤 변화가 일어나고 있을 것 같습니까?

복권이 당첨됐으면 좋겠다거나 3,000만원을 올리고 싶다……는, 그저 바람일 뿐입니다.

그러나 '정말로'라는 말이 전제가 됐을 때 K씨의 입에서 나온 말은 실제 행동으로 옮기는 것을 전제로 한 진짜 목표인 것입니다.

'어떻게 하면 빌 게이츠 같은 억만장자가 될 수 있을까'와 같은 꿈 같은 생각을 하는 건 시간낭비입니다.

이거라면 할 수 있다고 확신할 수 있는 것이 무엇인지 생각하세요.

이것은 단순한 목표설정이 아닌 자신감과 행동을 끌어내는 강한 동기를 만드는 작업입니다.

'해낼 수 있어'라는 확신에서 보다 구체적인 아이디어와 도전 의욕이 생깁니다.

회사를 그만두고 싶다, 옮기고 싶다, 할 수만 있다면 독립하고 싶다.

항상 입에 달고 다니면서 말로만 그치는 사람들 대부분은 공통점이 있습니다.

그것은 인생에서 필요한 경비를 제대로 예측하지 못하고 있다는 점 입니다.

이 상황을 회사의 경우로 옮겨서 생각해봅시다.

A라는 주력사업이 기울고 있으니 더 위험해지기 전에 B라는 신규

사업을 개발하려고 합니다.

신규사업을 시작하려면 당연히 투자가 필요합니다.

장래가 아무리 유망해도 처음에는 적자입니다. 그럼 어느 정도의 적자라면 GO 사인을 낼 수 있을까요? 그 판단은 정확한 재무 데이터만 있으면 할 수 있습니다. 그렇죠?

이런 당연한 일이 개인 수준에서는 잘 이루어지지 않는 경우가 많은 것입니다.

"그만두고 싶지만, 지금 그만두면 가족도 걸리고, 생활이……"라는 사람에게 묻겠습니다.

그럼, 매달 얼마가 있으면 생활할 수 있습니까?

샐러리맨은 대부분 가계를 부인에게 맡긴 사람이 많으며 기본적으로 연말정산도 스스로 할 필요가 없습니다.

이 질문에 대해 "글쎄……얼마나 되지……" 하고 고민하게 되는 이유 중 하나일 겁니다.

당장에 직장을 옮길 생각이 없더라도 수지(收支) 시뮬레이션은 꼭 해봐야 합니다.

한계선이 보이면 이제는 드문 일도 아닌 '급여 인하'에 울고 웃는 일은 없어질 겁니다.

앞으로 살아남기 위해 나 자신에게 투자하고 싶다, 자녀를 좋은 대학에 보내고 싶다, 새집을 마련하고 싶다…….

다양한 생각들의 인생에서 '경영판단'을 내려야만 할 때 필요한 것은 살아갈 수 있는 가장 낮은 숫자를 파악하는 것입니다.

자, 지금 당신은 혹시 이런 생각을 하고 있는 건 아닌가요?
"그런 건 생각만 하면 금세 알 수 있는 거잖아."

그럼 이런 질문을 받으면 어떻게 대답할 건가요?
"그 최저 금액을 어느 선까지 줄일 수 있습니까?"

대부분의 경우 금세 나오는 최저 금액은 쓸데없는 돈까지 포함된 숫자입니다.

장래에 대비한 계산기를 두두리는식 계산은 여기서부터 중요합니다. 맨 처음 산출한 최저액을 토대로 인생의 코스트다운 작전을 세우는 겁니다. 비록 지금 당장은 그럴 필요가 없더라도 여기서 더 줄일 수 있다는 것을 알면 의미 없이 생활에 대한 불안에 휩싸이는 일도 줄어들 겁니다.

이것은 스트레스 대책으로도, 노후를 향한 인생 설계를 생각하는 데 있어서도 매우 중요한 일이라고 생각하지 않습니까?

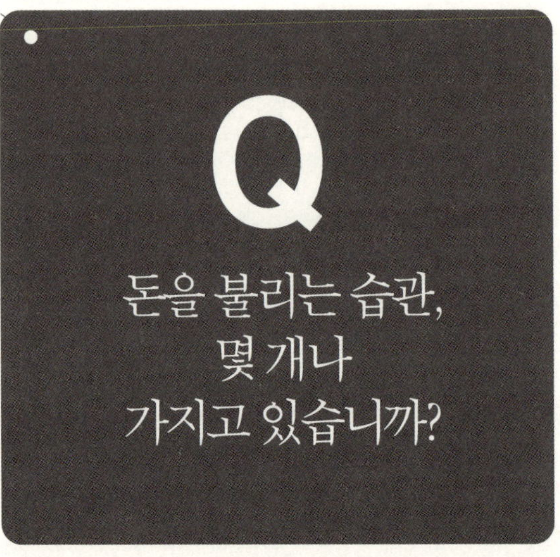

서점에 가면 부자가 되는 방법을 알려주는 책들이 즐비하게 진열되어 있습니다.

베스트셀러가 된 책도 여러 권 있지만 그러한 책을 읽고 나도 부자가 되었노라고 하는 사람의 이야기는 아직 들은 바가 없습니다.

물론 단기간에 이룰 수 있는 일은 아니겠지요.

하지만 그 점을 문제삼기 이전에 왠지 현실적이지 못한 것 같다고 생각하는 건 저뿐일까요?

K사장은 공인중계사와 회계사 자격증을 소유하고 있습니다.

자신의 직업과는 전혀 다른 업종이지만 제가 보기에 K사장이 '부자'가 된 이유는 그 두 개의 자격증에 있다고 생각합니다.

사업상 물건을 취득하거나 빌릴 때 부동산업자들과 밀고 당기는 거래를 할 수 있는 지식, 중소기업에서는 얼렁뚱땅 처리하기 일쑤인 경리 분야에 날카로운 눈빛을 번쩍일 수 있는 지식, 두 분야에 대한 전문지식이 아까운 돈의 쓸데없는 낭비나 손실을 방지하는 힘이 되고 있는 것입니다.

정리를 해보면, K사장의 돈을 불리는 습관은 자신이 가지고 있는 전문지식을 일에서 활용하여, 비용을 항상 엄격하게 관리하는 습관이라고 할 수 있습니다.

이건 굳이 말할 필요도 없이 K사장이기에 가능한 일입니다.

당신에게는 분명 다른 방법이 있을 겁니다.

성공한 사람의 철학도, 금융에 대한 전문지식도, 어떤 사람 특유의 저축 방법과 절약법도 참고는 될 것입니다.

당신의 돈을 불리는 건 당신의 생활에서 오는 습관입니다.

우선은 앞으로 무슨 일을 하기 전에 지금까지 해온 습관들을 돌이켜보세요.

지금도 돈이 부족한데 돈을 불리는 습관이라니……라는 한탄의 목소리가 들려오는 것 같습니다.

다시 한 번 확인합니다만 당신은 억만장자가 되기 위한 습관을 찾고 있지는 않습니까?

조언은 꿈을 그리기 위한 것이 아니라 꿈을 현실에서 이루기 위해서 하는 것입니다.

예를 들어 다음 질문에는 어떤 대답을 하시겠습니까?

매달 지금보다 10만원 더 저축한다면 무엇을 어떻게 개선하겠습니까?

제 오랜 친구인 T는 일찍 귀가한 밤이면 언제나 부인과 한잔하며 이야기를 나눈다고 합니다.

"너희 부부는 정말 사이가 좋구나."라고 했더니 약간 쑥스러워하며 이렇게 말한 적이 있습니다.

"너 이게 단골 술집이라고 생각하면 얼마나 싼 가게냐?"

워크홀릭인 K사장, 좋은 남편인 T, 전혀 다른 타입인 두 사람의 공통점은 돈을 불리는 습관을 즐기고 있다는 점입니다.

둘 다 자신에게 딱 맞는 스타일입니다.

이 책을 읽고 있는 당신도 가능한 한 가장 가까운 자기 주변에 포커스를 맞춰보세요. 틀림없이 어딘가에 돈을 불리는 힌트가 숨겨져 있을 겁니다.

돈 쓰는 습관,
몇 개나
가지고 있습니까?

실질소득의 격감이 샐러리맨을 엄습하고 있습니다.

일찍이 주택을 구입한 사람은 고금리와 변제 부담이 느는 시기입니다.

이런 시대에 살아남으려면 돈 불리는 습관을 갖는 동시에 돈 쓰는 습관을 소탕해야 합니다.

"아이고, 이제 점심은 구내식당이나 3,000원짜리 간편 도시락이죠, 구두는 2년 동안 새구두는 구경도 못했죠, 철저한 근검절약 생활이라니까요."

  라고 투덜대고 있던 사람은 바로 휴게소의 제 옆자리에서 끊임없이 담배를 빨고 있었습니다.
  담배 연기에 불쾌함을 느끼면서 이 사람의 담뱃값은 하루 얼마나 될까 등의 생각을 했습니다.

  이 원고를 쓰고 있는 지금은 무더운 여름입니다.
  때문에 밤에 사무실에서 집으로 돌아가는 길이면 공원이나 길바닥에 자리잡고 앉아 휴대전화를 붙잡고 긴긴 통화를 하고 있는 젊은이들이 매일같이 눈에 들어옵니다.
  혼자 사는 젊은이들 중엔 이렇게 장시간 질질 끄는 통화 역시 하나의 돈을 없애는 습관이 될 우려가 있습니다. 물론 통화 내용에 따라서 그렇다는 말입니다.

  얼마 전 독립한 U씨로부터 휴대폰을 바꿨다는 연락이 왔습니다.
  얼마 동안 소득이 불안정해지기 때문에 지금까지 쓰던 휴대전화보다 요금이 조금 더 저렴한 것으로 변경한 것입니다.
  이처럼 일상생활의 단면을 찬찬히 들여다보면 당신의 돈이 수돗물처럼 흘러나가고 있는 현장을 반드시 어디에선가 찾게 될 겁니다.

  신경쓰이는 것은 평소에 주부 혼자, 또는 여기에 어린 아이 한두 명이 추가되어 타고 다니는 대형 4WD(지프차)나 7, 8명이 타는 미니밴입니다.

시가지에서 느릿느릿 달릴 때의 연료비는 저의 집 산타페의 반 정도겠지요. 달리는 거리에 따라 다르지만 이것만으로도 월 30,000~50,000원은 차이가 날 겁니다.

시선을 집으로 돌리면 목욕하고 남은 물을 세탁할 때 쓰지 않고 그냥 버리는 사람, 더위를 많이 타서 에어컨의 온도를 낮게 설정한 사람, 턱하니 계약해놓고 보지도 않는 위성방송 안테나의 존재를 다시 생각해보지 않는 사람 등 돈을 없애는 습관은 여기저기 굴러다니고 있습니다.

특별히 집히는 사항이 없다고 하는 분, 다시 한 번 생각해보세요.

의료비 공제는 매년 잘 체크하고 계십니까?

자녀들 등록금이 얼마나 차이가 나는지 알아보셨습니까?

휴가계획을 늦게 세운 탓에 요금이 비싼 성수기 때 휴가를 보내진 않았나요?

지금까지 부인(남편)으로부터 어떤 낭비를 지적받은 적이 있습니까?

그 힌트는 분명 과거에 있을 겁니다. 기합이 들어간 짠돌이 짠순이 작전을 전개하느니, 자신의 습관을 조용히 돌이켜보고 고치는 것이, 긴 안목으로 보면 더욱 효과적입니다.

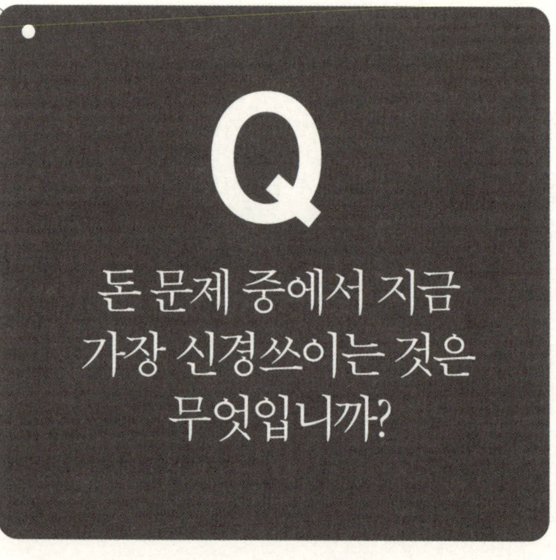

지금 눈앞에 당신이 가지고 있는(은행에 예금되어 있는 돈도 포함해서) 돈이 수북이 쌓여 있다고 상상해보세요.

이것이야말로 정말로 지금 가지고 있는 것의 전부입니다.

이것을 보고 머리에는 무엇이 떠오릅니까?

"의외로 적은 걸.",

"주택자금으로 여기서 얼마나 줄어들까?",

"이게 배가 된다면?",

"내년엔 어떻게 되어 있을까?",

"이걸로는 새로 뭘 할 수는 없겠는데……"

돈 문제로 인한 근심은 지금의 당신을 비추는 거울입니다.

이왕이면 근심을 잘 활용해서 자기 자신을 한번 제대로 비춰보세요.

본 마음은, 이 돈이 얼마나 되길 바랍니까?

어느 워크숍에서 '모아둔 재산 불리기'를 주제로 실습한 적이 있습니다. 그때 참가자 전원에게 던진 것이 바로 이 질문입니다. 상점 주인인 Y씨는 이렇게 대답했습니다.

"뭐 2배, 3배는 안 되도 좋으니까 줄어든 만큼만 똑같이 들어오면 좋지."

"그렇군요. 그럼 Y씨는 실제로 지금은 어떤 상태입니까?"

제가 질문을 하자 Y씨가 대답했습니다.

"으음, 어떡하지……? 쓰면 줄어드는 건 당연하잖아요.

그래서 경기도 나쁜 거고, 될 수 있는 한 안 쓰려고 하죠. 하지만 뭐랄까, 쓰고 싶은 돈을 못 쓰면 욕구불만이 되디라고요."

그럼 Y씨에게 있어서 쓴 돈이 다시 돌아오는 사용법이라는 건 어떤 방법입니까?

Y씨는 아무 말도 못했습니다.

당신이 Y씨라면 어떤 대답을 했을까요?

잠시 침묵이 흐른 후 이윽고 Y씨가 입을 열었습니다.

"그걸 모르겠단 말야, 나는."

여기서 과제가 확실해졌습니다.

Y씨의 근심은 돈이 부족한 것이 아니었습니다. 특별히 금전적으로

곤경에 처해 있는 상황도 아니고, 불경기라고는 해도 생활에 불안감을 느낄 정도도 아니었습니다. 단지 다시 메울 수단이 안 보이기 때문에 쓰고 싶어도 못 쓰는 것이 문제였던 겁니다.

이것은 사업상 투자와 개인적인 저축 양쪽에 적용되는 말입니다.

이렇게 주제가 명확해지면 어떤 정보가 필요한지, 어떤 사람에게 무엇을 배우면 도움이 되는지가 보입니다.

돈에 대한 생각을 하는 건, 돈이라는 필터를 통해 지금의 나를 냉정하게 보는 일로 이어집니다.

돈과 관련해서 장래에 가장 걱정이 되는 것은 무엇입니까?

여기서 눈높이를 미래에 두고 하는 질문을 '미래질문'이라고 부릅니다. 여기서는 앞에서 한 질문을 응용하여 돈을 통해 미래를 생각해보도록 하겠습니다. 이것도 워크숍에서 하는 질문인데 당연히 사람에 따라 전혀 다른 답변이 돌아온답니다.

지금 당신의 눈앞에는, 단 이번에는 조금 더 멀리에, 당신의 미래의 돈이 산 모양으로 쌓여 있습니다. 그것은 어느 정도의 크기이고, 어떤 식으로 들락날락하며, 그 주위를 어떤 사람들이 둘러싸고 있을까요? 잠깐 상상해보세요.

20대 샐러리맨 중에 이렇게 재미있는 답을 한 사람이 있었습니다.

"오른쪽 반의 산은 보이는데 왼쪽 반은 베일에 가려 있습니다. 저희 세대는 퇴직금이나 연금이 제대로 나올지 자체가 의심스럽잖아요. 저는 회사를 의심하고 있다는 걸 새삼 느꼈어요."

어떤 젊은 여성 회사원의 답도 흥미로운 것이었습니다.

"에, 아무 것도 안 보여요. 후후후, 그럼 이건 앞날에 대해 아무 생각도 없다는 증거인 거예요? 그런 거예요?……"

라고 제게 물어봐 곤란해서 반대로 이렇게 질문했습니다.

"만약에 그렇다면, 당신의 장래는 누가 생각하고 있는 거죠?"

그때 그녀의 얼굴이 조금 긴장되었습니다.

"부모……한테 맡겨둘 때는 지났고, 조금 더 나 자신에게 책임감을 가져야겠네요."

두 경우 모두 '미래의 산 모양으로 쌓인 돈'을 통해 지금의 나 자신과 앞으로 해야 할 일의 힌트를 발견할 수 있었습니다.

자, 40대의 경우 그 산을 통해 보는 미래는 금방 다가올 가까운 미래입니다. '부족해!' 하고 외마디 말만 내지른 사람, '작은 산이지만 부인과 둘이 풍족하게 살고 있는 것 같다'고 말한 사람, '상속세 때문에 다투고 있는 모습이 보여, 어떡하지' 하고 말한 사람도 있었습니다.

대부분의 40대는 지금 이 순간의 과제에 둘러싸여 있습니다.

그것은 회사에서도 가정에서도 마찬가지일 겁니다. 그렇기 때문에 더더욱 몇 발 앞선 미래를 바라보는 시간이 필요합니다.

눈가에 비친 미래의 돈은 당신에게 어떤 메시지를 보내고 있습니까?

그 메시지를 받아들고 지금으로 돌아와 보세요. 앞에서 언급한 '작은 산에서 풍족하게 사는' 모습을 본 사람은 그것이 자신의 소원이라는 것을 깨달았습니다. 그리고 그런 미래를 향한 준비가 아직은 전혀 안 되어 있다는 것도. 미래의 돈으로 쌓인 산은 인생의 후반전을 시작하기 위한 신호입니다.

Q

돈에 대해 당신에겐
어떤 강점이 있나요?

돈에 대한 강점이라고? 약점이야 얼마든지 있지만……

이런 목소리가 귓가에 들리는 것 같네요. 저 역시 얼마 전이라면 그렇게 받아들였을 겁니다.

인간에게는 방어본능이 있기 때문에 약점은 자각하기 쉽습니다.

운동선수의 경우도 상처난 부위를 무의식적으로 감싸다가 무리하게 움직여서 다른 부위를 다치고 마는 일이 있습니다.

반대로 강점이라는 건, 물론 성격에 따라 다르겠지만, 누가 봐도 강점이라고 여겨지는 것 외에는 잘 의식하지 못하는 사람이 많은 것 같습니다.

이것은 겸허하고 화합을 중요시하는 사람의 경향일지도 모릅니다.

저는 본래가 프리랜서로 글을 쓰는 사람이었기 때문에 글쟁이 친구들이 많습니다. 프리랜서에게 있어서 돈의 강점은? 이라는 질문은 너무 가혹합니다.

수입이 일정하지 않다,

원고료 단가가 좀처럼 오르지 않는다,

업계가 불황이다,

복리후생이 없다……

약점이라면 얼마든지 들 수 있지만요.

모두의 질문에 대한 답이 궁색한 친구에게 술집에서 다시 물어보았습니다.

"대기업에 다니는 샐러리맨에게 돈과 관련된 일로 자랑을 한다면 뭘 자랑할래?"

잠시 생각하던 그의 입에서 가장 먼저 튀어나온 대답은 '돈에 집착하지 않는다' 였습니다.

그게 다가 아닌 것 같아 조금 더 생각해보라고 요구했습니다.

그러자 더 생각해보더니 '내가 하는 어떤 일이 어느 정도의 가치를 낳고 있는지 확실한 금액이 보인다' 는 대답이 나왔습니다.

또 다른 거는……? 다른 거는? 질문을 이렇게 계속 반복하자 평소에는 의식하지 못했던 부분에서 빙글빙글 돌게 됩니다.

책을 읽고 있는 분도 함께 집요하리 만치 '다른 거는?' 이라는 질문을 자신에게 던져보세요.

"핸드폰하고 컴퓨터만 있으면 일을 할 수 있으니까 이익률이
높다.",
"일을 통해서 만난 금융 전문가가 몇 명이나 있다.",
"아이가 없다.",
"빚이 없다.",
"집을 사야겠다는 마음이 없다."

돈에 대한 강점이 계속해서 물꼬를 트고 나왔습니다.
쉽게, 가볍게, 유연하게 생각하면 이런 강점의 한두 개는 누구에게
나 있을 겁니다.
당신은 어떻습니까?
그럼 그러한 강점을 당신은 어떻게 활용하고 있습니까?
강점을 자각하지 못하면 활용도 할 수 없습니다.
강점을 어떻게 활용해서 행동할 것인가. 인생의 경영자원을 유용하
게 쓰는 전략이 있어야 합니다.
회사나 업계의 문제를 이러쿵저러쿵 평가해봐야 당신의 약점이 강
점으로 변하는 일은 없습니다.

과거에 전직이 목표인 F씨라는 20대 남성을 조언한 적이 있습니다.

컨설팅회사로 옮기고 싶어했던 F씨는 능력과 실행력이 탁월해서 헤드헌트 회사에서도 높은 평가를 받았습니다.

그런데 전직을 알아보는 데 있어서 한 가지 큰 장애가 있었습니다.

그것은 당시 F씨가 다니던 회사의 일이 너무 바빠서 좀처럼 전직을 위해 알아볼 수 있는 시간을 내기가 힘들었다는 것입니다.

회사를 그만둬 버리면 자유롭긴 하지만 그만두고 나서 다음 일자리를 찾는 건 불리합니다.

또한 간단히 인수인계를 쉽게 할 수 없는 일이었다는 점도 문제였습니다.

타개책으로 우선 이사를 하자는 이야기가 나왔습니다.

퇴근시간이 가는 데만 1시간 20분이나 걸렸기 때문입니다. "그래." 하고 F씨는 의욕을 불태웠지만 막상 이사비용을 생각하니 제자리에 멈춰버리고 말았습니다. MBA를 취득하는 공부 등에 투자하고 있어서 당장에 쓸 수 있는 예금이 너무 적었기 때문입니다.

성인으로서의 자존심, 자립심, 책임감. 그것을 제대로 갖춘 사람이었기에 저는 모두에게 질문을 했습니다.

그러자 F씨의 답변은 "말하고 싶진 않지만 부모님께 부탁해야 할까봐요. 전세보증금만이라도 빌리면 나머지는 어떻게든 될 테니까……" 라는 것이었습니다.

한 집의 가장인 40대가 돈 문제로 부모에게 도움을 받는다는 건 이보다 더 어려운 문제일 겁니다. 하지만 그렇기 때문에 정말로 힘들 때는 문제를 혼자서 껴안고 끙끙거리지 말고 어떤 도움을 받을 수 있는지 생각할 필요가 있습니다.

다음 질문입니다.

여차할 때, 어디까지 파트너(부모)에게 도움을 받을 수 있는지 파악하고 있습니까?

돈에 대한 가족의 결속이 중요합니다.

이는, 즉 가족 내 공적자금 주입을 가능하게 하는 환경 만들기입니다.

돈에 대한 관념이 부족한 사람에게 '부모가 있잖아' 라고 안이하게 말할 생각은 추호도 없습니다.

그러나 열심히 노력하고 있는 사람이 그 노력의 결실을 맺기 위해 허용되는 범위 안에서 가족의 도움을 받는 건 괜찮습니다.

단, 도움에는 금전만 포함되는 것이 아닙니다.

경우에 따라서는 사립학교를 다니던 아이를 공립으로 전학을 시킨다던가, 학원을 그만두게 하거나, 용돈을 줄이는 등의 도움도 생각할 수 있습니다.

대개의 경우 돈으로 실패하는 건 돈에 관한 관념이 희박한 사람이지만 돈으로 목숨을 잃는 사람은 진지한 사람입니다.

낭떠러지 앞에 서기 전에 '도와 달라' 고 말할 수 있는 용기. 그 한마디가 가까스로 파국을 막는 일도 있습니다.

이것이 바로 공적자금 투여입니다.

책임감 있는 행동이 책임을 지고 도망가는 것으로 이어져서야 본전이고 뭐고 없지 않습니까.

Q

만약 돈에 대한
불안감만 없으면
어떤 식으로 살고 싶은가요?

일을 하는 이유로 '먹고 살기 위해' 라는 건 누구에게나 예외가 될
수 없습니다.

이 '먹고 살기 위해' 와 '기쁨' 이 공존하면 금상첨화지만 '고통' 스
럽지만 '먹고 살기 위해' 일하고 있다면 그 삶은 힘겨울 뿐입니다.

조언을 하다보면 다양한 기업에서 '일, 또는 회사와 내가 안 맞는
다' 로 고민하는 사람들과 만납니다.

가능하면 다른 일을 하고 싶다,

하지만 이 불경기 속에서 그런 말을 할 때가 아니지……라고 자기 자신을 설득하고 있습니다.

바꾸어 말하면, 돈 문제로 불안해지느니 지금 이대로 참는 게 낫다고 달관한 것이겠지요. 여기서 대부분의 사람들은 불안이 없는 상황을 가정하지는 않습니다.

그런 일은 있을 수 없다고 생각하기 때문입니다. 하지만…… 때리기만 하면 무엇이든 소원대로 나오는 요술방망이에서 언제든지 필요한 돈이 나온다고 생각하면 당신은 무엇을 목표로, 어떤 인생을 살고 싶습니까?

한번 생각해보세요.

당신의 가치관에 더 가까이 다가갈 수 있을지 모릅니다. 가치관이라는 것은 마음에 저절로 불이 붙는 불씨 같은 것입니다.

예를 들어 전 야구감독이었던 A씨가 감독에 막 취임했을 때 인터뷰에서 했던 말이 인상에 남습니다.

"돈이 문제가 아닙니다, 유니폼을 입는 기쁨. 이겁니다. 이거야, 정말이지 좋은 직업을 만났습니다."

부인 문제로 이런저런 말도 많았지만, A씨는 평생 먹고 살 돈에 대한 걱정은 없을 겁니다.

프로 감독으로 고수익을 얻든,

사회인 팀 감독이 되어 박봉이 되던,

A씨에게는 유니폼을 입고 운동장에서 지휘하는 일이 마음의 불씨임에 변화는 없습니다.

살고 싶은 삶을 사는 A씨는 매우 행복한 사람이라고 생각합니다.

일반인이 A씨처럼 살 수는 없다고 생각하는 건 당연합니다.

하지만 '어차피 나 같은 사람은' 이라는 말을 하기 전에 꼭 다시 한 번 생각해보세요.

잠깐, A씨가 유니폼을 입은 날을 상상해보세요.

이를 전제로 질문하겠습니다.

당신은 무엇을 하면 그 순간의 A씨와 같은 마음이 될 거라고 생각합니까?

굳이 감독처럼 멋있는 직업이 아니어도 상관없습니다.

진짜 내가 여기에 있다고 확실하게 느낄 수 있는 그 무엇.

아마도 당신은 돈에 대한 불안감이 없으면 그것을 향해 움직이기 시작하지 않을까요?

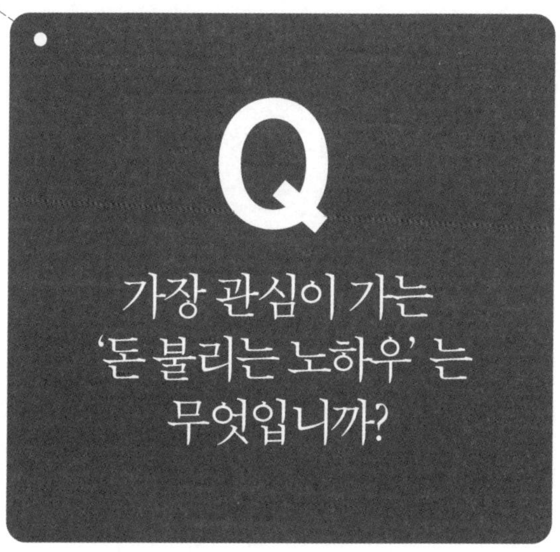

생각해보면 돈을 불리는 노하우는 다이어트 방법과 같습니다.

얼마나 자신에게 맞는 방법을 찾아내는지,

얼마나 지속하는지,

이 두 가지가 성공의 열쇠를 쥐고 있기 때문입니다.

이미 말했듯이 저의 지론은 '특별한 노하우보다 우선 습관' 입니다.

여기서는 그것에 덧붙여 적극적으로 돈을 불리는 수단에 대하여 생

각해보고자 합니다.

1년 후 돈을 불리는데 성공한 당신이 있습니다.

어떤 방법으로 성공했는지, 그 가슴 뛰는 방법은 무엇입니까?

여기서 주식이라고 대답하는 사람은 300만원의 투자가 350만원이 되었다고 해서 그다지 성공했다고 생각하지는 않을 것입니다.

300만원이 적어도 400만~500만원, 가능하면 그 배가 되어야 겨우 성공했다는 승리의 마크를 그릴 수 있을 겁니다.

한편 펀드를 매입하여 사회공헌도 하면서 그것이 얼마간의 이익이라도 내면 만족한다고 생각하는 사람은 어떨까요?

50만원의 투자가 55만원밖에 이익을 내지 않아도 충분히 만족할 수 있을지도 모릅니다.

나에게 있어서 '돈을 불린다'는 건 어떤 행위인가?

어떤 결과를 기대하고 있는가?

그것은 한 사람 한 사람 모두 다릅니다.

단, 하나 확실하게 말할 수 있는 건, 누구에게나 안전하고 확실하며 엄청난 이익을 가져다주는 방법은 없다는 것입니다.

득이 되는 게 무엇일까만 생각할 것이 아니라 내게 맞는 것이 무엇인지, 쓸 수 있는 자금과 지식수준, 목표 금액, 거기다 성격 등 갖가지 요소를 비교하고 살펴보고 생각해보세요.

돈을 불린다는 건 무엇보다도 욕심이 얽힌 주제이기에, 사람은 대세에 휩쓸리기 쉬운 경향이 있습니다.

지금 같은 시대이기 때문에 ○○, A씨가 추천하는 ㅁㅁ, 특정 분야에서 큰돈을 번 B씨가 제안하는 ×× 등등.

어느 것을 참고로 하든 나쁘지는 않다고 생각합니다.

화제가 되는 것엔 반드시 그 어떤 그럴 만한 이유가 있기 마련입니다.

그러나 이성을 잃고 그대로 믿어서는 안 됩니다.

포도 다이어트로 대성공하는 사람이 있는가 하면 죽음에 이르는 사람도 있는 것과 같습니다.

그런 위험이 어디에 숨어 있는지 알 수 없다는 것을 머릿속에 넣어두세요.

혹시라도 돈을 불리는 데 성공하지 못했더라도 그것에 도전한 것만으로도 가치 있는 일이었다고 느낄 수 있는 방법은 무엇일까요?

부디 이 질문에도 대답해보세요.

돈을 불리는데 절대라는 건 없기에 더더욱 다른 측면에서 리스크 헤지(risk hedge)를 미리 생각해두는 것도 바람직한 일이라고 생각합니다.

주식 투자를 배우는 것에 가치를 두고 있는 사람은 안이한 투자로 함정에 빠지는 일은 없습니다.

어느 증권사 직원으로부터 들은 이야기입니다.

Q

인생의 마지막에
얼마를 남기고
이 세상을 떠날 겁니까?

당신에게는 자녀가 있습니까?

아니면 없습니까?

있다면 몇이나 됩니까?

아이에게 재산을 물려줄 겁니까?

그러면 그 목표금액은?

종착점 다음에도 이야기는 계속 이어집니다.

내가 사라진 세계에 눈을 돌리면 그때까지 떠오르지 않던 답이 명확하게 보일 때가 있습니다.

이것 역시 돈 문제를 조언할 경우에만 적용되는 이야기가 아닙니다.

어째서 내가 사라진 세계를 생각하면 답이 보이는가?

이유는 간단합니다.

거기서 겨우 에고가 없어지기 때문입니다.

자신의 욕심을 버리고 생각하면 복잡했던 것이 단순해집니다.

"이렇게 앞날이 불투명한 시대엔 아이를 낳을 순 없어."

이렇게 말하던 Y씨는 한 번 이혼을 했고, 재혼한 부인은 10살 연하. 아기를 원하는 부인과 대립 중이었습니다.

물론 회사의 실적이 급강하해, 40대에 들어간 Y씨가 언제 감원 대상이 될지 알 수 없는 상황이었습니다.

Y씨와는 단 한 번 함께 식사를 한 적이 있습니다.

앞에서 언급한 내용의 한탄을 하는 그에게 아이를 싫어하냐고 물어보자 "아니오. 아이는 굉장히 좋아해요. 아이들 동네 축구팀 코치를 하고 있을 정도니까요."라고 답하고는 이런 말을 했습니다.

"좋아하기 때문에 더더욱 무책임한 부모가 되고 싶진 않아요.

지금 상황에서는 장래에 아이에게 재산을 남겨주는 게 아니라 자칫 잘못하면 빚만 물려주기 십상이에요.

그런 일 절대로 못합니다."

빚을 물려주는 거야 안 되지만 그렇다면 과연 재산이라는 것은 물려주어야만 하는 걸까요?

Y씨에게 질문했습니다.

재산 이외에 무엇을 남길 수 있습니까?

만약에 자식이 있다면 그밖에 어떤 것을 주면서 키울 수 있습니까?

돈에 대해 생각하는 건 돈 이외의 가치를 생각하는 것과 같습니다.

돈도 포함해서 무엇을, 어느 정도, 어떤 형태로 남기는 것이 생명의 줄을 이어받는 자에게 가장 행복한 것일까?

여러분은 돈을 너무 많이 남긴 탓에, 남겨진 자들이 불행해지는 일이 있다는 것도 알고 계실 겁니다.

"돈보다 가치 있는 것을 남길 수 있다면 무엇이 있을까. 한번 아내와 애기해봐야겠습니다."

Y씨는 술에 조금 취하긴 했지만 진지한 눈빛으로 그렇게 말하며 집으로 발걸음을 재촉했습니다.

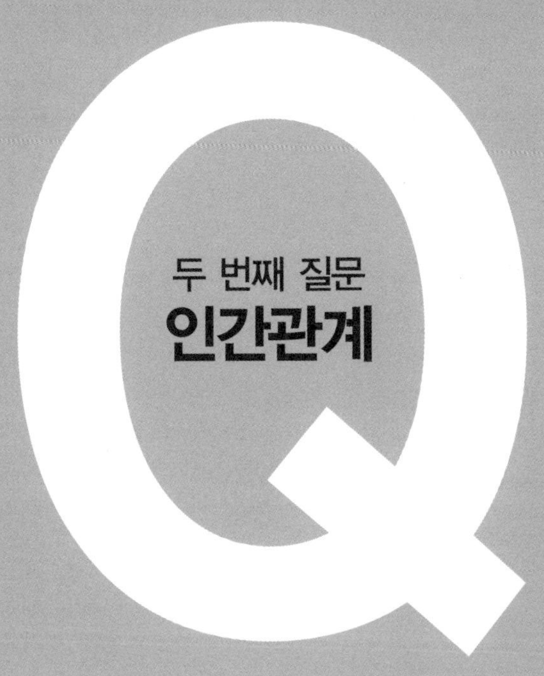

당신 곁에는 누가 있습니까?

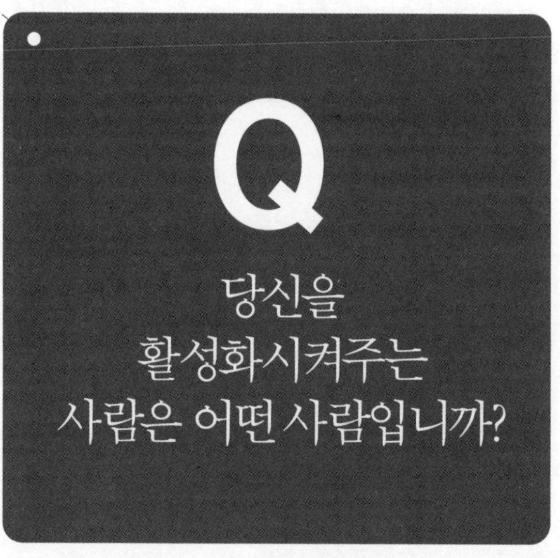

군이 속된 표현으로 하자면, 누구와 사귀어야 득이 되는지 생각해 봅시다.

이 관점에서 선택의 여지는 2개뿐이라는 것이 제 생각입니다.

그것은 당신을 활성화시켜주는 상대와 맥풀리게 하는 상대입니다.

전직이나 독립 등 커리어 관련 조언을 할 때 종종 이런 상황과 마주 치게 됩니다.

예를 들어 F씨라는 30대 중반 남성을 1년 정도 조언한 사례입니다.

그는 최종적으로 뜻하던 기업 중 한 곳에 전직할 수 있었습니다.

그러나 처음 반년 동안은 결코 순조롭지 못한 상황이었습니다.

고전한 요인 중 하나는 F씨의 성급한 성격 때문이었습니다.

일이 뜻하는 대로 진행되지 않자 장래를 위한 활동 의욕도 시들어 집니다. 도무지 바쁜 탓에 직무 경력 이력을 생각할 시간이 없어 도중에 내팽개치고 맙니다.

더욱 골치 아팠던 것은 F씨의 인간관계였습니다.

"얼마 전 친구와 전화통화를 했는데 또 쓴소리를 들었어요. 앞으로 아이 교육비도 들텐데, 요즘 같은 시대에 전직이라니 현실에 눈을 감고 있는 것 아니냐고……."

예를 들어 이 친구를 X씨라고 하겠습니다.

F씨 내부에 추진력이 탄생했을 때와 X씨에 대한 이야기가 안 나오게 된 시기는 일치합니다.

당초 F씨가 무언가를 결단하고 큰 행동을 하려 할 때마다 학창시절부터 절친한 친구이던 X씨가 찬물을 끼얹었었던 것입니다.

그 사람과 이야기를 하고 나면 기분이 어떻습니까?

당신을 둘러싼 사람들을 떠올리면서 생각해보세요.

물론 F씨에게도 생각해보라고 했습니다.

F씨의 답은 초조해진다, 어두워진다, 혼란스러워진다 등이었습니다.

X씨는 일도 잘하고 사회적으로도 어느 정도 성공한 사람인 것 같았습니다.

F씨에게 한 말도 결코 이치에 맞지 않는 말은 아니었습니다.

하지만 중요한 것은 어느 쪽이 옳은가, 라는 양자택일론이 아닙니다.

실질적으로 상대의 힘(이 경우 F씨의 힘)을 빼앗는 것이 문제였습니다.

당신을 소모시키는 상대의 논리가 명확하면 나는 너무 어수룩해, 참을성이 없어 등의 반성을 하게 됩니다.

그러나 진정으로 깨달음을 주는 조언과 그저 낙담으로 끝나는 잔소리는 반드시 구분해서 들어야 합니다.

이야기를 나누면 기운이 나는 사람은 당신의 어떤 점에 박수를 쳐줍니까?

만약 박수를 쳐주는 그 부분을 충분히 활용할 수 있다면 어떤 변화를 꾀할 수 있습니까?

도무지 답이 떠오르지 않을 때는 옳은지 틀린지가 아니라, 지금 내가 원하는 것이 무엇인가로 결단해보는 건 어떨까요?

기운이 나는 결단을 하자는 겁니다.

Q

당신을
맥풀리게 하는 건
어떤 사람입니까?

일로 개인적으로 관계를 맺다 보니 어느새 나도 모르는 사이에 에너지가 다 소모되어 버리고 말았다.

옳다고 생각해서 따라갔더니 뿌리째 정기를 빼앗기고 말았다는 경우도 사람과의 관계에서는 있는 일입니다.

괜한 겁을 주는 것 같지만 특히 회사구조에는 그런 좀비가 퍼져 있는 것 같습니다.

그냥 그 사람만 보면 좋은 사람인 한 개인도 회사 조직 내에서는 그에 맞는 역할에 철저하게 임하고 있습니다.

그것만이 목숨을 부지할 수 있는 유일한 방도라는 생각 때문에 사고와 행동의 주어는 언제나 '우리 회사' 라든가 '우리는' 또는 '일반적으로' 라는 한마디로 '나를 제외한' 것이 되고 맙니다.

판단기준의 축에 '나' 가 없는 사람은 상대방의 '나' 도 인정하지 않습니다.

개인의 존재가치를 무시한 커뮤니케이션이야말로 맥풀리게 하는 가장 큰 이유라고 생각합니다.

'나를 제외한' 주어는 그것이 누구인지 실체가 애매하다는 점에서도 좀비입니다.

문제는 상식과 정론을 설파하는 것이 그들의 주특기이기 때문에 좀처럼 좀비로 보이지 않는다는 것입니다.

"그 사람은 저보다 이 회사 사정에 훨씬 정통하거든요.

역시 그가 하는 말에 따라야 할 것 같기도 하고,

그렇게 되면 도무지 결론을 내릴 수 없게 됩니다."

한 부문에 대한 특별 조처를 위해 대폭적인 인사이동을 생각하고 있던 T씨의 말입니다.

이 사람은 라이벌 기업에서 스카우트되어 모 기계 제조사로 옮겨온 사람입니다.

스카우트될 정도의 실력자도 복잡한 인간관계 앞에서 좀비 때문에 고전하고 있었습니다.

T씨가 말한 '그 사람'이란, 개혁을 위해 협력을 구해야 하는 부문장이었습니다.

저는 앗…… 이건 좀비다, 라는 생각에 이런 질문을 했습니다.

그 사람의 말에서 나오는 건 어떤 파워인 것 같아요?

함께 생각해주세요.

'의욕'에 언제나 찬물을 끼얹는 사람, '용기'를 비웃는 사람, '끈기'를 시들게 하는 사람은 당신 앞에 무엇을 만들어냈습니까?

"몸 사리기죠. 내 몸 하나 지키자는 몸 사리기의 파워예요."하고 얼마간의 침묵 후 T씨는 대답했습니다.

카를로스 곤을 신봉하고, 개혁을 이루어내기 위해 전력을 다해 임하고 있는 T씨에게 있어서 그 사람이야말로 가능성을 빼앗는 좀비였던 것입니다.

그런데 혹시……

당신 안에도 좀비가 있는 건 아닙니까?

어차피 안 될 거야, 그런 건 무리야.

이때다 싶은 가장 중요한 때에 한 걸음 뒤로 물러나, 찰나적인 안심과 그 후의 침체를 초래하는 좀비.

T씨는 자기 안에 있는 좀비의 존재를 깨달았을 때 밖에 있는 좀비와의 채널을 끊어버렸습니다.

누구와 손을 잡고 앞으로 나아갈 것인가.

그것은 나의 어떤 부분을 의도적으로 성장시킬 것인지 스스로의 책임감으로 선택해야 합니다.

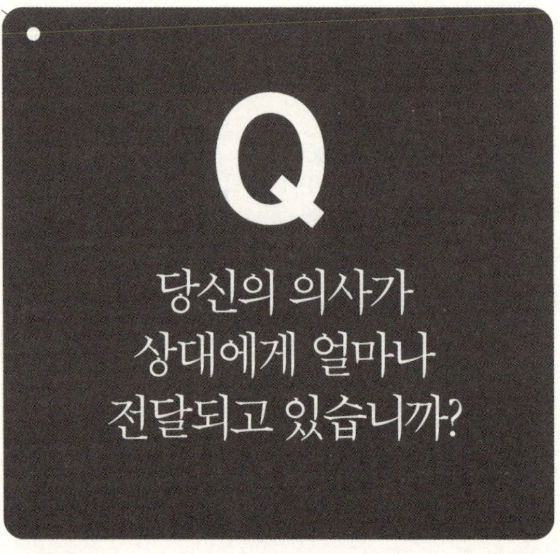

10명 정도의 사람이 원이 되어 그 중 한 사람이 간단한 동작(약간의 손동작이나 몸동작 등)을 하고, 그에 맞는 소리(예를 들어 양손으로 토끼 귀 모양을 만들고는 '껑충껑충' 한다)와 함께 옆 사람에게 전달합니다.

소리와 동작을 받은 사람은 다시 그 옆 사람에게 전달합니다.

이것은 즉흥극 연습으로써 '동작 전달하기' 라는 게임입니다.

처음에는 원을 타고 똑같은 동작이 돌아가지만, 동작을 전달하는 속도가 빨라지면 점차 동작 그 자체가 달라집니다.

게다가 거기에 또 하나, 다른 장소에서 누군가가 다른 동작을 돌리기 시작합니다.

이렇게 해서 한 원 안에 두 개, 나아가 세 개의 동작이 돌기 시작하면 어느새 다들 처음 동작과는 전혀 다른 동작을 취하고 있게 마련입니다.

아하 그렇구나, 이건 완전히 커뮤니케이션과 똑같은데, 라고 저도 해보면서 납득했습니다.

제대로 전달했다고 생각해도 상대는 상대방의 감성으로 받아들이기 때문에 다른 동작이 됩니다.

같은 동작으로 보여도 실제로는 처음부터 미묘한 차이가 있었던 겁니다. 동작을 전달하는 속도가 빨라질수록 확인할 시간이 부족해 그 차이는 점점 현격해집니다.

"저 녀석은 머리가 안 돌아가,

입으로만 다 하지 행동은 안 따라가,

자기 멋대로 방법을 바꿔……."

커뮤니케이션이 원만하게 돌아가지 않아 부하를 깎아내리는 상사가 있습니다. 그 상사는 최고경영자나 임원진에게도 똑같은 불만을 품고 있는 경우가 다반사입니다.

해결의 첫 발은, 매우 단순한 마음가짐입니다.

그것은 전하고 싶은 건 전해지지 않는 것이 보통이라고 마음에 새겨놓는 겁니다.

이것은 앞에서 언급한 동작 전달하기를 해보면 금방 알 수 있습니다.

상대방의 필터에 들어간 순간, 당신의 메시지는 여지없이 변하는 것입니다.

얼마나 전해졌는지, 평소에 얼마나 확인하고 있습니까?

전해지지 않기 때문에 더더욱 생각해보길 바라는 건 바로 이 점입니다.

제가 볼 때 부하에 대한 불평불만에 거품을 무는 사람에게는 두 가지 공통점이 있습니다.

하나는 그 확인 작업을 게을리하고 있다는 것.

두 번째는 상대에게 말을 시키기보다 자신이 말하는 비율이 월등히 많다는 것입니다.

관계가 어긋나는 상대의 이야기에 당신은 얼마나 귀기울이고 있습니까?

당신도 한번 곰곰이 이 점에 대해 생각해보기 바랍니다.

여기서 말하는 '듣는' 시간은 그저 이야기를 하게 하고 반격의 타이밍을 기다리고 있는 시간이 아닙니다.

상대방을 이해하려고 진정으로 귀를 기울이는 시간입니다.

당신의 생각이 전해지지 않고 있다는 생각이 들면, 먼저 상대방이 전하고자 하는 것이 무엇인지 전달받는 것은 어떨 까요?

지금까지 조언을 하면서 가장 늦은 시간에 약속을 잡은 건 새벽 1시였습니다.

상대는 30대 전반의 시스템엔지니어인 E씨였습니다.

처음에는 그의 스케줄을 존중했었지만 만나는 시간을 점점 앞당기는 것이 목표가 되었습니다.

근무시간을 마음대로 정할 수 있는 재량 것 할 수 있는 노동이라고는 하지만 그래도 너무 많이 일하고 있다는 것을 E씨가 자각했기 때문입니다.

E씨의 일이 산더미처럼 쌓이는 이유는 자신이 처리해야 할 실무가 산처럼 쌓여 있는 데다 팀장으로서 부하직원들까지 챙겨야 했기 때문입니다.

하루 동안 해야 하는 일을 물어봤더니 진지하고 책임감이 강한 E씨의 입에서는 '해야 할 일'들이 술술 나왔습니다.

얼마나 짊어지고 있는 느낌입니까?

일을 '짐'으로 비유해 질문해보았습니다.

너무 바빠 일에 짓밟힐 것 같은 느낌을 받은 적이 있는 사람은 위험한 상황을 떠올리고 대답해 주세요.

그리고 지금 현재는 어떨까요?

"휘청휘청 갈지자걸음으로 술에 취한 사람처럼 걷고 있는 느낌이에요. 위험하죠."라는 것이 E씨의 대답이었습니다.

이름만 팀장일 뿐 E씨의 경우 사람을 움직인다기보다는, 사람들을 움직이게 하려고 자신이 휘둘리는 인상을 받았습니다.

사람을 움직이기 전에 자기가 처리하고 있군…….

E씨에게서 자꾸만 일을 떠안게 되는 사람의 경향이 보였습니다.

그것은 다음에 다룰 시간관리 문제임과 동시에 보다 본질적으로는 인간관계의 문제입니다.

당신은 다음 질문에 뭐라고 답할 것입니까?

부하에게 요구하고 있는 건 무엇입니까?

요구사항이야 얼마든지 들 수 있지만 그것이 부하의 행동을 촉구하는 메시지가 되고 있습니까?

E씨는 부하도 바빠지는 것을 염려하여 원래는 부하에게 맡겨도 되는 일을 자신이 끌어안고 있었습니다.

게다가 요구한 것들도 본인에게 여유가 없다 보니 일방적인 지시로 끝나고 맙니다.

이래서야 전하지 않은 것과 같습니다.

요구가 통하지 않는 상황일 만큼 정말로 부하도 바쁘다면?

그때는 사고의 틀을 넓혀 도움을 요청해야 합니다.

부하에게 요구하지 않는 사람은 상사에게도 요구나 제안을 내놓지 않는 경우가 많습니다.

다시 한 번 맨 앞의 질문을 읽어보세요.

누구의 이해와 협력이 있으면 사태를 개선할 수 있는지 생각해봅시다.

일뿐만 아니라 당신의 생활 전반을 둘러봅시다.

그리고 새삼 자신이 짊어지고 있는 것의 크기를 느껴보세요.

그 짊은 얼마나 무겁습니까?

이대로 계속 인생의 긴 여정을 계속 헤쳐 나갈 자신이 있습니까?

만약에 위험하다고 느낀다면, 주저하지 말고 힘을 빌린 상대와 방법을 생각해봅시다.

힘을 빌리는 피해보다 참다가 무너졌을 때의 피해가 훨씬 크니까요.

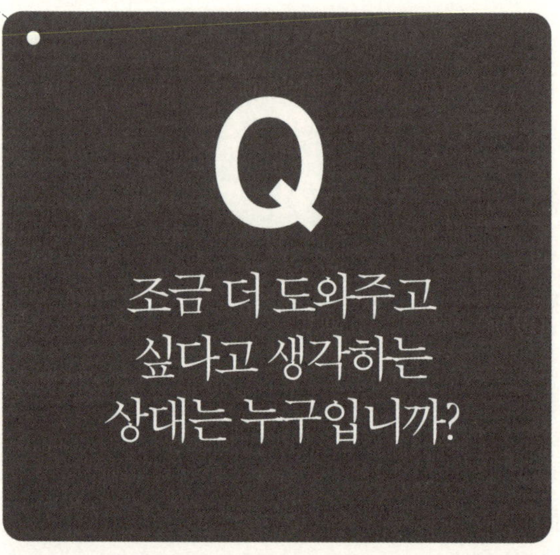

제 고객의 부하직원으로, 카리스마적 리더십을 갖춘 팀장이 쓰러졌습니다.

그때까지 리더로 믿고 따르던 사업부문에 동요가 퍼졌습니다.

당연히 H사장은 이 사태를 걱정했습니다.

대책을 여러 가지로 생각하고 있었는데 일주일 후 수화기에서 들려온 H사장의 목소리는 의외로 밝았습니다.

"사실 그게 말이죠, 뜻밖의 인물이 활기차게 일하기 시작했어요."

그 활기차게 일하기 시작한 사람은 이른바 한직에 있던 U씨였습니다.

이 회사는 H사장이 매수하여 현재의 체제가 되었는데 U씨는 그 유일한 잔당으로 전 간부였습니다.

아니 직함이야 지금도 간부지만 솔직히 말해 일이라고 할 만한 일을 하는 건 아니었습니다.

"솔직히 말해서 그 사람이 그렇게까지 일할 수 있는 사람이라고는 생각하지 못했어요. 적극적으로 제안하고, 문제점도 재빨리 알아차립니다.

회의를 할 때는 제일 먼저 자료를 나눠주고, 팀장이 빠진 자리를 메우는 아이디어를 내주니까요."

H사장과 이야기를 나누고서 한 가지가 명확해졌습니다.

그것은 카리스마 팀장에 대해 삼가는 자세와 그에게는 당할 재간이 없다는 열등감이 U씨를 '자발적 힌직'으로 만들었던 것이라는 겁니다.

"사실은 저걸 하고 싶다, 저 사람을 돕고 싶다, 뭐 이런 여러 가지 마음을 품고 있던 거죠. 앞으로는 U씨의 힘을 더욱 끌어낼 생각입니다."라고 H사장은 말했습니다.

누군가에게 도움을 주고 있다, 의지가 되고 있다고 실감하는 일이 지금 얼마나 됩니까?

만약 '별로 없다', '거의 없다', '전혀 없다'는 대답이 나온다면 이

항의 맨 앞에서 한 질문으로 돌아가세요.

회사, 회사 밖에서의 활동, 지역, 가족. 다양한 장면을 떠올리고 생각해보기 바랍니다.

당신의 힘을 활용할 수 있는 곳은 어디에 있다고 생각합니까?

U씨는 뜻하지 않게 기회를 잡았습니다.

하지만 의도적으로 기회를 잡는 것도 가능합니다.

아무도 나를 필요로 하지 않는 상황은 본질적인 의미에서 인간관계가 끊긴 상태입니다.

그것을 되돌리기 위해 그저 '내가 무엇인가를 할 것'에 눈을 돌리는 것은 어떨까요?

아무 것도 없는 것 같지만 만약 하나라도 '할 수 있는 일'을 든다면 뭐가 있을까요?

우선 어떤 것이라도 좋으니 답을 말하는 것을 목적으로 가벼운 마음으로 대답하세요.

앞이 캄캄하고 무력감에 휩싸였을 때 '누군가에게 어떤 도움을 받는' 것보다 '누군가에게 무언가를 해주는' 편이 쉬울 때가 있습니다.

그것은 강한 나 자신과 활기찬 사람과의 관계를 되찾는 지름길이 될 것입니다.

Q

당신의 보스를
얼마나 활용하고
있습니까?

잘 알려지지 않은 말 중에 'followship'이라는 말이 있습니다.

이것은 리더십과 대칭이 되는 말로 '상사활용력(上司活用力)'을 뜻합니다.

리더로서 성공한 사람의 과거를 거슬러 올라가보면 그 공통점이 'followship'의 높이라고 합니다.

꼼꼼한 실무가인 S씨는 자재판매회사의 총무를 책임지고 있습니다.

부하들의 신뢰도 부러운 S씨지만, 그의 고민은 이사인 G씨와의 알력이었습니다.

실질적으로 회사를 꽉 쥐고 있는 것은 오너로부터 전폭적인 신뢰를 얻고 있는 G씨입니다.

때로 G씨의 행동은 막무가내로 보이기도 합니다.

밀어붙이기로 행동하는 G씨에 비해 어떤 일이든 신중한 S씨.

두 사람은 물과 기름처럼 어긋나기만 할 뿐 서로 스트레스만 쌓아가고 있었습니다.

그때 오너가 S씨를 코치해달라고 의뢰했습니다.

S씨가 의식을 바꾸게 된 계기가 된 것이 바로 맨 앞의 질문이었습니다.

상사에게 '사용되는' 것이 아니라, 상사이기에 자신이 상사를 '사용하는' 시점. 어떻게 하면 상대방의 파워를 당신이 충분히 끌어낼 수 있겠습니까?

마지막 일격으로 그런 질문을 던지고 'followship'을 설명했습니다.

당신은 어떻게 느끼시는지요?

보스를 활용하는 것도 죽이는 것도 나 하기 나름이다…… 라고 생각하면 상대방의 불합리함이나 결점보다는 장점에 눈이 가지 않을까요?

적어도 지금까지 알아차리지 못한 보스의 장점, 알아차리고도 모르는 체했던 장점에 왠지 모르게 눈이 갈 것입니다.

이것이 'followship'을 높이는 첫 발입니다.

보스와의 관계를 고민하고, 상사가 바보라서 일을 할 수가 없다고 한탄하는 사람은 다시 한 번 생각해보십시오.

보스가 최고의 퍼포먼스를 발휘하기 위해 당신은 자신의 어떤 점을 개선할 수 있습니까?

인간관계를 개선하는 데 있어서의 철칙은 상대를 바꾸려고 해봐야 시간 낭비라는 것입니다.

두 사람 사이에 있는 문제를 해결하려면 스스로를 바꿀 결단을 내려야 합니다.

덧붙이자면, 코치도 코치할 상대를 바꿀 수는 없습니다.

상대가 자신이 바뀌어야 할 방향을 스스로 찾아 바뀌려고 결의하는 걸 도울 수는 있지만요.

요는 사용하고 있는 건 바로 나라고 생각해버리면 되는 겁니다.

스스로 납득하고 상대에게 맞추는 것과 억지로 추종하는 것은 똑같은 일이라도 그 의욕에는 큰 차이가 발생할 것입니다.

따르기 어려운 보스를 적극적으로 활용하자는 발상으로 당신의 일에 대한 동기를 높이기 바랍니다.

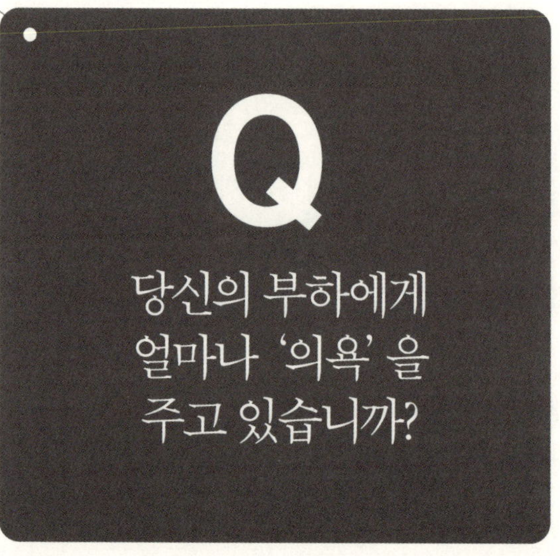

"상대의 힘을 끌어내는 것이 코치의 역할이라는 건 잘 알겠습니다.

하지만 애초부터 의욕이 없는 녀석은 대체 어떻게 하면 됩니까?

말을 물가까지 데려갈 수는 있지만 억지로 물을 먹일 수는 없

다…… 안 그런가요?"

어느 대기업 관리직 연수 후, 한 수강자 분께서 이런 질문을 해주셨

습니다.

물론, 자주 언급되는 말의 일화처럼 '의욕' 은 주는 것이 아니라 상

대로부터 나오는 것입니다.

예를 들어 아이들을 무작위로 데려다 모아놓고 명 코치가 "야구를 가르쳐줄게."라고 해도 전원이 의욕을 나타내는 일은 우선 없습니다.

애초에 야구에 흥미를 가지고 있는 게 아니니까요.

하지만 그런 논리로 사원의 '의욕'을 한마디로 정의할 수 있을까요?

그 '의욕' 없는 상대는 누구의 의사로 그곳에 있는 겁니까?

반응이 느린 부하 때문에 애를 먹고 있는 사람은 부디 생각해보기 바랍니다.

'그곳'이라는 건 '회사', '직장'을 뜻합니다.

"그야 회사에 오는 건 자신의 의사겠죠."

그런 당연한 걸 왜 물어보냐는 듯 앞에서 언급한 수강자가 대답했습니다.

이미 이 시점에서 물가에 끌려간 말이나, 영문도 모른 채 야구를 하자고 모여진 아이들과는 다릅니다.

그들은 의사를 가지고 '그곳'에 있는 거니까요.

그들은 '의욕'이 없는 겁니까,

아니면 '의욕'을 드러내지 못하고 있는 겁니까?

질문을 들은 수강자는 조금 뜨악한 표정을 짓고는 생각에 빠졌습니다.

저는 가끔 코치를 하면서 철저하게 '구별'할 것을 요구합니다.

만약 정말로 '의욕'이 없다면 그것은 상대방의 문제입니다.

하지만 '의욕'을 드러내지 못하는 거라면 그 배경에 있는 문제를
공유하게 될 것입니다.

여기서 당장 원인을 찾아낼 수 없더라도 상대방과 함께 생각하는
자세를 만든다면, 우선 충분합니다.

"저도 모르게 자꾸만 설교조가 되다 보니 오히려 의욕을 빼앗아버
렸는지도 모르겠네요."라고 잠시 주고받은 후 앞의 수강자가 대답했
습니다.

부하가 '의욕'을 발휘하지 못하고 있다면 당신이 할 수 있는 일은
무엇입니까?

관계를 개선하는데 있어서 중요한 것은 일어나고 있는 현상도 상대
방도 아닌, 바로 당신 자신입니다.

자신의 의사로 컨트롤할 수 있는 대상은 역시 자신뿐이기 때문입
니다.

코칭의 혈은, 어디를 눌러도 '나의 바람직한 모습'으로 이어집
니다.

어떤 일이라도 반복해서 일어나는 일은 당신에게 어떤 메시지를 던지고 있는 거라 생각합니다.

특별히 과학적인 얘기를 하려는 것은 아니며, 더욱이 코칭에 신비주의를 끌어들이려는 생각은 200% 없습니다.

다만 많은 성공과 실패를 낳는 인간군상을 지켜보면서 '반복을 어떻게 해석할 것인가'가 매우 중요하다는 걸 통감하고 있는 겁니다.

인간관계 속에서 반복해서 일어나는 문제라는 건, 달리 말하면 나쁜 만남을 만들고, 좋은 만남조차 망치고 마는 습성입니다.

만남을 무(無)로 없애면서 성공한 사람을 아직까지 저는 보지 못했습니다.

학창시절 때부터의 친구로 가히 친구 만들기의 천재라고 할 만한 남자가 있습니다.

모 유명기업에서 영업사원으로 활약한 것도 활력과 사람을 끌어당기는 매력의 산물이었습니다.

그러나 회사에서 독립한 후 그의 사업은 결코 순조롭지 않았습니다.

사업을 조금 확장했는가 하면 축소하고, 다시 확대했는가 하면 축소하는 식으로 짧은 사이클로 전환기가 찾아왔습니다.

그때마다 사람이 떠나고 또 새로운 사람이 다가오는 그것의 반복입니다.

사람을 끌어들이는 파워의 크기와 마찬가지로 사람을 떠나게 하는 파워 역시 큰 것입니다.

그러나 그의 관심사는 항상 새로운 비전과 새로운 만남을 향해 있었습니다.

그 파워 역시 여전히 큰 것이어서 인간관계에서 반복적으로 나타나는 것의 의미를 숙고하지 못했는지도 모릅니다.

당신은 어떤 식으로 그 반복을 만들어내고 있습니까?

그가 자기 자신을 직시할 수 있는 상황이 되면 이렇게 물어볼 생각입니다.

반복해서 일어나는 문제를 깨달은 분은 함께 생각해보세요.

'부하가 떠나간다, 상사와 갈등을 일으킨다, 고객과 싸운다……' 등은 일을 하면서 마주하게 되는 전형적인 예지요.

부부간에 반복되는 문제, 이성관계, 돈과 관련된 문제, 어느덧 이 글을 쓰면서 기억난 일인데, 차를 살 때마다 세일즈맨과 싸우는 사람도 있었습니다.

이와 비슷한 문제를 반복하는 사람은 대개가 자신을 피해자로 만듭니다.

솔직하게 답해 주세요.

'공격하고 싶다'고 생각하는 사람의 얼굴이 마음 저 밑바닥에 몇 명 정도 떠오릅니까?

사실은 반복해서 일어나고 있는 문제의 한 쪽 당사자만큼 당신에게 많은 것을 가르쳐 주는 사람은 없을지도 모릅니다.

만약에 내가 가해자이고 상대방이 피해자라면, 그 문제를 어떤 줄거리로 이야기할 수 있을까요?

예를 들어 상대방이 도둑이었다 하더라도 잘못은 도둑맞은 나에게 있다는 관점에서 나 자신을 돌이켜보고 이야기해보는 건 어떨까요?

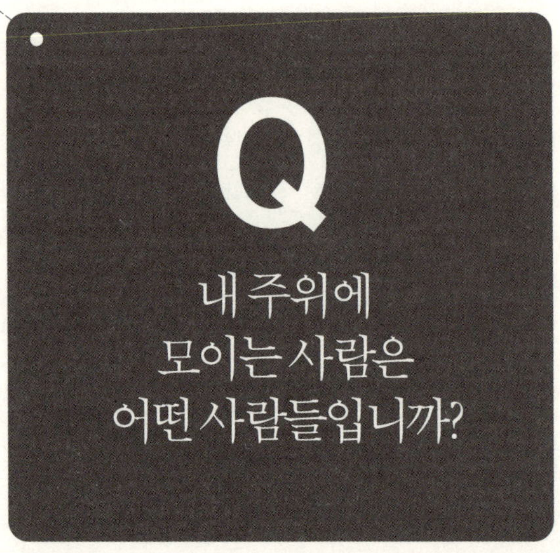

저는 다양한 조직을 객관적으로 보는 기회가 많기 때문에 '유유상 종類類相從' 이라는 말을 실감할 때가 있습니다.

좋은 뜻에서도 나쁜 뜻에서도 말입니다. 특히 작은 회사의 경우 사장이 어떤 사람을 고용하는가에 따라 회사의 운명은 거의 결정됩니다.

이것은 인생에서도 마찬가지입니다.

당신이 어떤 자석을 가지고 있느냐에 따라 장래의 시나리오는 크게 달라집니다.

코치를 하고 있어도 결과가 뜻대로 나오지 않는 사람은 그 사람 주위에 활력을 주는 사람이 적은 것 같습니다. 반대로 금세 좋은 결과가 나오는 사람 주위에는 파워를 가지고 있는 사람이 많습니다.

그런 이유로 다시 한 번 앞에 나온 질문에 대답해 주시기 바랍니다.

지금의 당신을 둘러싸고 있는 건 어떤 사람들입니까?

가족을 제외하고 물리적으로도 감각적으로도 '가까이에 있는 사람들'을 떠올려봅시다.

어느 요소를 '가까운' 기준의 우선순위로 둘지 정하는 건 자유입니다.

머릿속에 떠오른 얼굴을 보고 마음에 어떤 느낌이 솟아납니까?

따뜻한 에너지가 느껴집니까?

아니면 쿡쿡 찌르는 듯한 차가운 느낌을 받습니까?

어느 여성에게 같은 질문을 했더니 '특별히 떠오르는 사람이 없다'고 했습니다. 하지만 이야기를 계속 나누다 보니 많은 등장인물들이 나타났습니다.

이 경우 그녀는 '떠오르지 않는' 것이 아니라 '떠올리고 싶지 않은' 사람들에게 둘러싸여 있다는 걸 알았습니다.

일이 잘 안 풀린다, 살면서 문제가 끊이는 날이 없다.

그런 사람을 만났을 때 어떻게 하면 문제가 해결이 됩니까 — 라는 시점의 질문은 별로 안 합니다.

그것은 병을 앓고 괴로워하는 사람에게 치료법을 묻는 것과 같은 이치로서, 마이너스 상태에서는 플러스 지향의 '생각하는 힘'은 좀처럼 솟아나지 않기 때문입니다.

그것보다는 현재의 자기 자신을 제대로 바라보게 하는 것이 우선입니다. 힘이 들면 현재 상황에서 눈을 돌리게 되지만 현재 상황을 이해하지 않고서 과제 해결은 있을 수 없습니다.

여기서 유효한 것이 당신의 인생에 등장하는 등장인물을 통해 자기 자신을 올바로 보는 작업입니다.

갑자기 너 자신을 보라고 하면 주저하는 사람도 있지만 다른 사람을 보는 건 가능한 경우도 많기 때문입니다.

당신이 정말로 관계를 맺고 싶은 건 어떤 사람입니까?

다음에 생각해야 할 것이 바로 이것입니다.

처음에는 막연한 이미지여도 괜찮습니다.

조금씩 말로 표현할 수 있을 정도가 되면 서서히 '관계를 맺고 싶은 사람'의 모습을 구체화하는 겁니다.

이것은 프로파일링(profiling)이라는 방법으로, 이름에서 나이, 출신지, 키, 몸무게, 일의 내용이나 장래의 꿈 등 온갖 내용을 상세하게 적어봅니다.

마치 드라마에 나오는 인물을 만들 듯이. 그렇게 적은 내용이 당신의 소원을 비추어내는 거울의 역할을 해줍니다.

Q

이상적인 인간관계와 지금의 인간관계는 무엇이 다릅니까?

"모두 실패를 두려워합니다. 가능한 한 무난하게 넘어가기 위해 주어진 역할을 연기할 수밖에 없는 거죠."

두 개의 회사가 합병해서 설립된 신생 회사에서 영업부 매니저를 하고 있는 W씨의 말입니다.

그 말은 일견 방관자의 것 같기도 하고 그의 솔직한 심정으로도 들렸습니다.

당신을 중심으로 주된 등장인물과의 관계를 그림으로 그려보세요.

저는 그렇게 말하고 한 장의 종이를 건넸습니다.

종이 한가운데에 작은 동그라미를 그립니다.

이것이 당신입니다.

다음은 이것과 마찬가지로 등장인물을 동그라미로 그리고 지금의 인간관계를 도식화해봅시다.

당신이 안고 있는 문제나 목표에 따라 그 대상을 생활전반으로 해도 좋고 직장 등 특정한 장면에 한정해도 좋습니다.

특별한 제약은 없으므로 자유롭게, 딱 맞는 이미지가 될 때까지 그려봅시다.

직장의 인간관계로 대상을 한정한 W씨는 선으로 연결되지 않은 작은 원을 한 장의 종이 여기저기에 어수선하게 그렸습니다.

"선이 없네요."라고 제가 말하자 W씨가 즉시 이렇게 말했습니다.

"맞아요. 연결되어 있지 않거든요. 성과주의에다 자립을 요구하는 거라니까 할 말도 없죠."

"그건 자립이 아니라 고립이잖아요."라는 저의 말에 W씨는 채널이 바뀐 듯 고개를 크게 끄덕였습니다.

"그렇군요, 자립하고 고립은 다른 거죠. 이 동그라미하고 동그라미가 선으로 연결되어 비로소 진정한 자립인 거죠."

복잡한 이야기는 눈에 보이는 형태로 해서 보는 것이 가장 좋습니다.

다 알고 있는 것 같아도 종이 위에 객관화함으로써 깨닫게 되는 것도 있습니다.

또 한 장에는 이상적인 관계를 그려 주세요.

또 한 장의 종이를 W씨에게 건넸습니다.

W씨는 처음 것보다 균형잡힌 배치로 동그라미를 그리고, 그것들을 선으로 연결하기 시작했습니다.

그림을 그리는 사이 어느새 W씨의 혈색이 좋아지는 듯한 느낌이 들었습니다.

당신은 어떤 이상적인 관계를 그리게 될까요?

잊지 말아야 할 것은 자기 자신을 중심으로 그린다는 점입니다.

종이의 중심에 그리는 동그라미는 항상 당신이라는 겁니다.

자기 자신을 주인공으로 이미지하지 않고서는 당신이 책임감 있게 새로운 인간관계를 형성하는 일은 결코 이루어지지 않기 때문입니다.

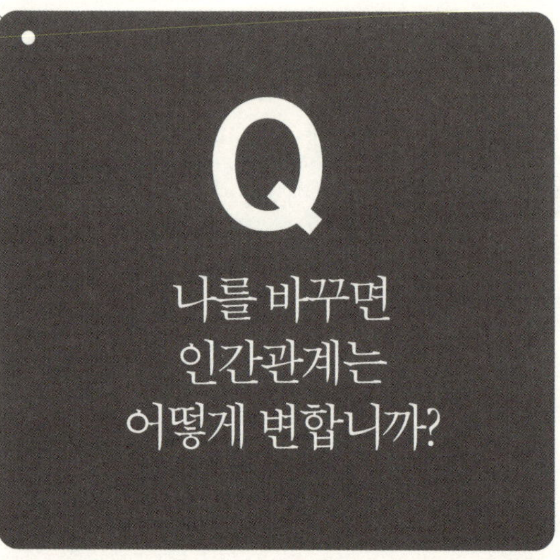

인간관계를 바꾸기 위해 누군가를 바꿀 수는 없습니다.

바꾼다면 당신 자신뿐입니다.

마침 좋은 예가 광고대행사에 근무하는 D씨의 경우입니다.

의욕적으로 일하는 D씨는 언제나 문제의식을 가지고 있고, 많은 아이디어를 품고 있었습니다.

그런데 팀장이 되고 경영진과의 거리가 가까워지자마자 일이 벽에 부딪힌 것 같은 슬럼프에 빠져 코치를 의뢰한 것입니다.

벽에 부딪혔다는 건 한마디로 말해 '제안이 통과하지 않는다'는 것이었습니다.

예전 같으면 현장의 리더로서, 오히려 제안서를 받아보는 입장이었습니다.

부하의 힘을 잘 *끄*집어내 업무에서 성과를 발휘해온 D씨. 하지만 사장과 임원들은 D씨처럼 '부하를 활용하는' 타입이 아니다는 것이 D씨가 받은 인상이었습니다.

"부문의 실적을 올리려면 회사 전체의 커다란 과제에 관여해야만 합니다. 하지만 어떻게 해도 경영진과 제 사이에 있는 커다란 벽이 생기고 말아요……"

삐걱대고 있다고 느껴지는 인간관계에는 어김없이 벽이 존재하는 법. 이렇게 쓰면 거의 대부분의 사람들이 별 의문을 가지지 않고 받아들이지 않을까요?

하지만 그러면 대체 이 벽이라는 건 뭘까요?

과거의 베를린장벽 같은 물리적인 벽이 존재하는 것도 아니고, 벽이라는 말을 들어도 저는 좀처럼 쉽게 수긍이 가질 않습니다.

당신이 말하는 '벽'이라는 건 누가 만든 벽입니까?

즉, 상대방은 어떻게 생각하고 있는가 말입니다.

"경영진은 벽이 있다는 것조차 모르는 것 같아요. 벽이 있다는 걸 알면 대처라도 할지 모르지만."이라고 D씨는 대답했습니다.

벽이 정말로 있습니까?

이렇게 질문하자 말을 잃은 채 다음 말을 잇지 못했기 때문에 다음 질문을 했습니다.

만약에 벽 따위가 없다고 한다면 어떤 행동을 할 겁니까?

D씨의 입에서 경영진에 대한 제안 사항들이 줄줄이 나왔습니다.

말을 하면서 D씨는 스스로 가장 중요한 것을 깨달았습니다.

그것은 지금까지 '벽'을 핑계로 여기서 언급한 것들의 1/3도 제안하지 않았던 것입니다.

"지금까지 이렇다 할 큰 실패도 없이 일을 해오면서 나름대로 인정받고 있습니다. 그런 내가 여기서 거절당하는 게 두려웠어요." — 이 깨달음이 D씨의 행동을 바꿨습니다.

"이번에 임원회의에 나가 설명하게 됐습니다."라는 활기찬 목소리를 들을 수 있었던 건 그로부터 약 한 달 뒤의 일이었습니다.

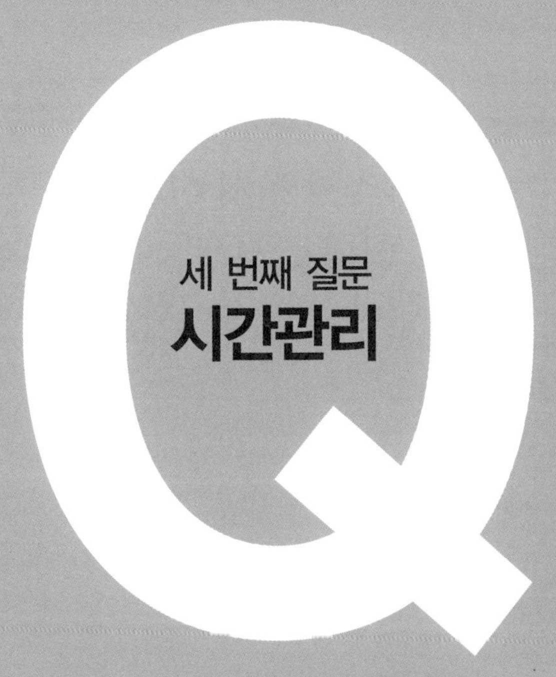

오늘 무엇을 끝낼 겁니까?

마음속을 정리하고 싶으면 우선 바느질 상자를 정리합시다.

그런 뜻의 오래된 속담이 유럽에 있다고 들었습니다.

사실 이 이야기를 가르쳐준 건 제가 코치를 하던 어느 여성이었습니다.

이런 저런 마음의 갈등을 안고 있던 그녀는 생활을 다시 일으켜 세우고 싶다는 소원이 있었습니다.

돈 때문에도 그랬지만 그보다는 무언가에 도전하는 의욕을 회복하고 싶다, 그저 매일 똑같이 흘러가기만 하는 생활에 활력을 불어넣고 싶었습니다.

사람이 큰 목표에 도전할 수 있는 상태인지 알아보려면 앞의 질문에 대한 답을 들어보면 압니다.

끝내고 싶은 마음은 굴뚝같은데 방치되어 있는 일이 매우 낳은 사람에게 있습니다.

그 바닥에 깔린 자기 기반에 대한 이야기를 하자면 어려워지는데, 실제적인 문제는 시간관리를 못한다는 데 있습니다.

왜 바느질 상자 이야기가 되었는가 하면, 사실 그녀가 가장 먼저 시작한 것이 지저분하게 어질러진 집을 깨끗하게 하는 '청소 프로젝트'였기 때문입니다.

매주 코치를 할 때마다 일의 진척을 확인하면서 한 달에 걸쳐 부부가 사는 집 한 채를 깨끗하게 청소했습니다.

구체적인 성과를 실감하기 위해선 이것이 가장 하기 쉬운 방법이라고 생각했던 겁니다.

방의 정리 정돈은 바느질 상자로 비유할 수 있습니다.

크기만 다를 뿐 둘 다 매우 소중한 '상자'입니다.

살아가는 데 있어서 없어서는 안 될 상자를 깨끗이 정돈함으로서 마음속까지 정리되는 감각을 그녀는 행동으로 맛보았습니다.

이처럼 미완료 사항을 정리하는 행동은 그저 그 일을 해결하는데 그치지 않고, 당신의 문제 해결력을 소생시키는 힘으로 이어집니다.

지금 당장 행동으로 옮기면 한 달 후에는 확실한 결과를 얻을 수 있다고 한다면, 무엇을 완료하고 싶습니까?

가능하면 몇 가지를 뽑아내, 그 중에서 가장 실천하기 쉽고 파급효과가 큰 것을 선택하세요.

명함 정리를 한다,

그동안 소원했던 사람들에게 편지를 쓴다,

예전부터 하고 싶어했던 운동을 시작한다,

관심이 있던 강좌에 대한 자료를 신청한다 등등,

어떤 일이든 마음이 이끄는 대로, 쉬운 일부터 시작하는 것이 좋습니다.

하지만 딱 하나만은 잊지 마세요.

그것은 실행할 기한과 시간을 정하고 반드시 해내야 한다는 겁니다. 쉬운 것부터 시작하는 건 시간관리 감각을 심는데 효과적이기 때문입니다.

스스로 결정한 일을 착실히 실행에 옮겨 성과를 쌓아간다.

그리하여 나에게 내재되어 있는 힘을 또렷이 체험한다.

이것은 코칭의 중요한 과정입니다.

첫 현안을 정리했을 때 기분이 어땠습니까?

시원한 느낌을 떠올리면서,

시범으로 일주일 동안 행동해보는 건 어떨까요?

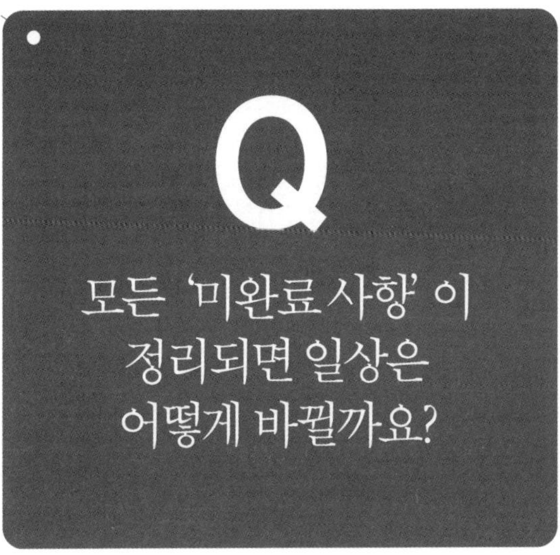

앞에서 다룬 방 정리나 운동을 시작한다 등은 당신의 미완료 사항을 드러내는 빙산입니다.

그 빙산 밑으로 잠수해보면 방을 정리하지 못하는 배경이 보입니다.

일이 너무 바쁘다, 가족의 가사분담이 이루어지지 않고 있다, 불규칙적인 생활로 쓰레기를 버리는 것조차 잊어버린다 등이다.

그러면 이제 해야 할 것은 어느 특정한 배경에 메스를 대야 할 차례입니다.

가족의 가사분담이 과제라면 남편(아내)에게 요구한다, 솔직하게 말한다 등의 방법입니다.

이렇게 하지 않으면 아무리 빙산을 깎아내도, 어느 결엔가 다시 같은 문제가 얼굴을 내밀게 되어 있습니다.

빙산 밑에 깔려 있는 배경에 손을 댄다면 큰 변화를 기대할 수 있습니다.

단, 배경까지 완료시키는 건 결코 쉬운 일이 아닙니다.

그것은 그 정도의 행동을 하려면 당신이 가지고 있는 사고방식과 느끼는 감각까지도 다시 한 번 들여다볼 필요가 있기 때문입니다.

예를 들어 앞의 항에서 소개한 여성의 경우 '커다란 짐을 치우는 건 남편에게 부탁하자' 고 다짐했습니다.

바쁜 남편에게 눈치를 보고 부탁하고 싶은 일이 있어도 말도 못 꺼냈던 일을 이제는 확실하게 요구하기로 결정한 것입니다.

이것은 해야 할 말은 참지 말고 명확하게 전달하자는 자세를 분명하게 가지지 않고서는 할 수 없는 일입니다.

미완료인 빙산 아래의 더 밑에 숨어 있는 기반이 되는 요소가 바로 이것입니다.

기한을 정하고, 철저한 시간관리를 의식하면서, 아직 끝내지 못한 미완의 일을 정리해나갑니다.

그것의 가치가 얼마나 큰지 조금은 이해되셨습니까?

그러면 다시 한 번, 빙산의 일각인 미완료 사항을 나열해봅시다.

그리고 그 모든 일이 전부 정리되었다고 가정합시다.

언뜻 보면 매듭짓지 못한 일들을 끌어안고 있던 때와 똑같은 일상의 연속입니다.

그 나날을 깊이 관찰하면서 다양한 변화의 가능성을 찾아보세요.

미완료 상태의 일을 다 정리했다는 실감이 당신을 어떻게 변화시켰다고 생각합니까?

그 다음에 생각해보기를 바라는 건 바로 이겁니다.

정말로 중요한 건 겉에 보이는 무언가를 바꾸는 것이 아닙니다.

그것은 하나의 계기에 불과합니다. 중요한 건 그것을 계기로 나 자신을, 애초에 내가 바라던 나의 모습에 가까워지도록 만들어가는 것입니다.

마음을 헤집어놓는 미완료 사항이 하나도 없다면,

당신에겐 어떤 가능성이 펼쳐져 있습니까?

빙산 아래 숨어 있는 일을 매듭짓지 못하게 하는 배경까지 깨끗이 정리된 상황을 상상해보세요.

거기서 느껴지는 커다란 자신의 힘은 대체 어떤 것입니까?

미완료 사항이 없는 자신의 모습을 영화 스크린 위에 펼쳐보시기 바랍니다.

Q

오늘은
무엇을
끝낼 겁니까?

저는 별로 사용하지 않는 스타일이지만 시간관리를 철저히 하기 위해 요일별 코치를 하는 경우도 있습니다.

실제로 시행한 경우를 소개해드리겠습니다.

해외발령을 마치고 귀국, 그리고는 곧 독립.

개업 준비를 본격적으로 시작한 T씨를 코치했을 때의 일입니다.

샐러리맨 생활을 오랫동안 해온 T씨는 출근하지 않는 생활에 적응을 못해 당황하고 있었습니다.

"해야 할 일은 산더미처럼 쌓여 있는데 시간을 제약하는 것이 너무 없다 보니 자꾸만 쓸데없이 시간을 허비하고 맙니다. 창피한 이야기지만 이것을 어떻게든 해야 할 것 같아요."

그야말로 시간관리가 당면 과제였습니다.

이미 앞에서 언급한 한 달, 일주일 단위 스케줄을 짠 다음, 처음 5일 동안은 매일 아침 같은 시간에 제게 전화를 걸게 했습니다.

그리고 10분 동안 '워밍업 코칭'을 실시했습니다.

아침에 일어났을 때 기분은 어땠습니까?

일 준비는 어떻습니까?

등의 가벼운 이야기를 나눈 다음 포인트가 될 질문을 던집니다.

낮 12시까지 무엇을 처리할 건가요?

하루를 충실하게 보내는 열쇠는 뭐니뭐니 해도 오전 시간을 어떻게 보내는가에 날려 있습니다.

일의 성격상 낮과 밤이 거꾸로 된 사람은 제외하고, 일반적인 생활을 하고 있는 사람은 아침을 제압하는 것이 하루를 제압하는 길인 것입니다.

아침 목표를 달성하고 오늘은 어떤 점심식사를 할 생각이세요?

이것이 그 다음 질문입니다.

충족감을 맛보며 오후를 위한 점심식사도 맛보자, T씨와 함께 결정한 사항입니다.

이렇게 함으로써 시간을 관리하는 동기가 월등히 높아집니다.

오후부터 저녁시간까지는 무엇을 처리할 겁니까?

오전시간도, 오후시간도, 가능한 한 무엇을 할 건지 포인트를 만들도록 했습니다.

○○나 ×× 등의 일을 하고, 될 수 있으면 끝까지 끌고 간다 등의 애매모호한 대답은 모두 자르고 바꾸어 말하게 했습니다.

예측된 장애, 여유를 가지고 허들을 넘어 밤을 즐기기 위한 스케줄 작성하기. 지금까지 언급한 시간관리 에센스를 첨가해, 일부러 똑같은 형식적인 질문을 합니다.

이것은 단시간에 필요한 답을 확실하게 이끌어내고 싶을 때 유효합니다.

T씨는 질문 내용을 익히 파악하고 있기 때문에 미리 답을 준비하고 있습니다. 질문은 정해져 있어도 창조적인 답을 이끌어낼 수 있다면 '워밍업 코칭'의 목표는 달성할 수 있는 겁니다.

당신이 정말로 집중해서 일하는 건 하루에 몇 시간 정도입니까?

이것은 반드시 생각해봐야 합니다.

시간은 어찌어찌 때웠으니 목표는 달성한 것이라는 착각만큼 위험한 것은 없습니다.

전력투구할 수 있는 시간은 일의 내용이나 개인의 자질에 따라 제각각일 겁니다.

일심전력해서 몰두할 수 있는 용량을 파악하고, 그 틀 안에서 승부를 걸어야 합니다.

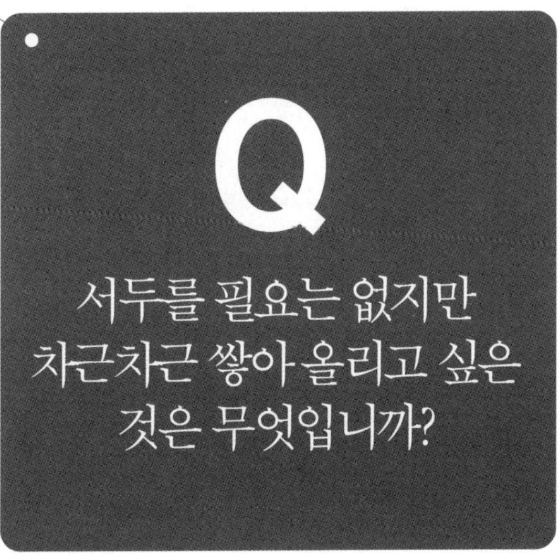

이 책을 읽고 있는 시간이 저녁이라면 오늘 하루를 돌이켜보십시오.
아직 낮 시간이라면 어제를 돌이켜보세요.

당신은 오늘(어제),
서둘렀나요?
차분하게 행동했나요?

비교적 이쪽에 가까웠다 싶을 정도로 생각해도 됩니다.

하루의 정경을 떠올렸을 때 서두른 느낌이 나는지 아니면 차분히 지낸 느낌이 드는지. 그 느낌을 떠올려보십시오.

워크숍 등에서 한번 물어보면, 물론 참가자 층에 따라 다르지만, '서둘렀다'고 대답하는 사람이 많은 것 같습니다.

애초에 시간관리를 문제삼는 것 자체가 서둘러서 처리해야만 하는 일이 눈앞에 쌓여 있기 때문이 아닐까요. 이것은 세상의 구조이기도 하겠지만 유능한 사람일수록 '서두르고 있는' 경향이 있습니다.

주변의 기대가 그들에게 집중하기 때문입니다.

해야 할 일이 나날이 늘어만 가기 때문입니다.

회사 조직에만 국한된 이야기가 아닙니다.

지역사회로 치면 눈썰미가 빠르고 덕이 많으며 사람들을 잘 챙기는 사람. 유치원이나 초등학교의 학부모 모임 등에서도 리더십을 발휘할 수 있는 어머니에겐 언제나 도움요청이 몰려듭니다.

그것은 어떤 의미에서는 충실한 나날일 것입니다.

다른 사람들로부터 기대를 받고, 그 역할을 해내는 건 인간에게 있어서 본질적인 기쁨이라고 생각합니다.

그러나 코치를 하다 보면 이런 사람들이 벽에 부딪치는 경우를 보게 될 때가 있습니다.

"나는 도대체 어디로 가고 있는 걸까?"

하고 앞이 보이지 않는 불안감에 휩싸이게 됩니다.

앞을 생각할 여유도 없이 언제나 코앞에 벌어진 일에 승부를 걸어온 결과입니다.

이런 경험이 있는 사람은 매일, 또는 일주일에 한 번, 아니면 한 달에 한 번 어떤 일정한 간격을 두고 잠시 멈춰서는 시간을 마련합시다.

제 경우, 그럴 필요가 있는 상대에게는 저와 함께 하는 코칭타임을 그런 시간으로 하자고 제안합니다.

일 년에 걸쳐 이루고 싶은 것은 무엇입니까?

한 번 간격을 훨씬 늘려서 생각해보세요.

굳이 1년으로 한정해야 할 이유는 없습니다.

하지만 보통 10년이면 너무 길고, 반년은 또 너무 짧은 것 같습니다.

이루어낸다…… 예를 들어 도예 작품이라도 만드는 심정으로 시간을 충분히 들여 이루어내고 싶은 일을 생각해보세요.

제2의 인생계획을 확고히 하겠다는 거창한 주제도 있습니다.

대학에서 열고 있는 평생교육원 강의를 들으며 일정한 성과에 목표를 두는 것도 좋을 것입니다.

5kg을 감량하겠다는 목표도, 건강문제상 서둘러야 하는 것이 아니라면 천천히 달성하는 것이 성공확률도 높다고 합니다.

잊지 말아야 할 것은 급하지 않은 일도 제대로 시간관리를 해서 이루어야 한다는 것입니다.

여유롭게 실행하는 것과 엄격하게 실행하는 것은 상반되는 행동이 아닙니다.

Q

누군가에게 맡겨도 되는데 자신이 하고 있는 일은 무엇입니까?

제 생각에 '바쁜 사람'의 80%는 '남에게 맡겨도 되는 일을 안 맡기고 부둥켜안고 있는 것이 많은 사람'입니다.

그 중에는 내가 직접 하는 게 좋다고 하는 사람도 있습니다.

예를 들어 도예가나 장인이 '이 부분은 자네가 그림을 그리게'라든가 '대나무로 장식해야 되는 이 부분은 맡길게'라는 말은 보통 하지 않습니다.

하지만 팀을 이루어 일하는 일반 직장인들은 그렇지 않습니다.

아무리 혼자서 다 할 수 있어 보이는 일도 사실은 조직으로 움직이고 있는 것입니다.

예를 들어 저는 10년 이상 프리랜서 저널리스트로 활동했었습니다.

겉에서 보기엔 혼자 일할 수 있는 일의 전형으로 보이겠지만 큰일을 맡게 됨에 따라 혼자 부둥켜안고 있는 사람과, 다른 사람에게 맡길 수 있는 사람과는 일의 진행이 전혀 다릅니다.

취재를 도와주는 젊은 작가를 어떻게 활용할 것인가.

출판을 하는 편집자에게 "이건 혼자서는 할 수 없으니까 도와줘요."라고 분명하게 말할 수 있는가.

전자는 '작업'의 아웃소싱을, 후자는 제작 전반에 걸친 매니지먼트의 분담입니다.

독단적인 완결성이 높은 일이 이런데 팀플레이를 관리하는 입장이라면 더더욱 일을 맡기는 작업이 중요해집니다.

이런 말을 하면 꼭 이렇게 되받아치는 사람이 있습니다.

"혼자 하는 게 빠른 걸 이떡해."라고.

이것은 저도 충분히 공감하는 유혹입니다.

일을 효율적으로 잘 맡기려는 노력을 지금까지 얼마나 해오셨습니까?

내가 하는 게 빠르다고 말하는 사람에게 묻고 싶은 건 이겁니다.

그냥 맡기기만 해도 일이 잘 된다면 아무도 고생하지 않습니다.

맡겨도 잘 돌아가지 않으니까 관리능력을 닦을 필요가 있는 겁니다.

또 한 가지, 이 노력을 게을리 하는 사람에게 추궁하듯 묻는 질문이
있습니다.

자신의 일을 빼앗기는 게 싫은 건 아닌가요?

애써 고생해서 남에게 가르쳐주고 그것도 모자라 남의 일자리까지
가져가 버리다니, 고생한 대가가 없잖아…….

코치를 하다 보면 내 공을 부하에게 빼앗기고 싶지 않다는, 가슴 밑
바닥에 깔린 본심이 스멀스멀 흘러나오는 것을 몇 번이나 봤습니다.

임파워먼트(empowerment)가 초래하는 당신 자신의 다음 스테이지
를 떠올려보는 건 어떨까요?

40대는 앞날을 그리기보다는, 앞날을 결론짓고 안심하고 싶은 마음
이 강해지는 시기입니다.

'굳히기에 들어간다' 고 하는데 이것은 판단 방법이나 일을 진행하
는 방법에만 국한된 이야기가 아닙니다.

지금 하고 있는 '이 일' 자체를 지키고 싶다(이것밖에 없다)는 수비
자세로 이어집니다.

그것이 일을 무리하게 껴안고 심신에 데미지를 축적하는 결과로 이
어지는 것입니다.

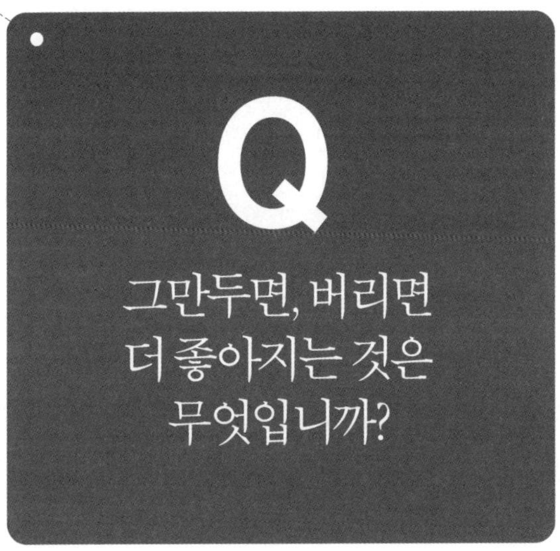

거품경제가 한창이던 시대에 사회로 나가 편집자로서, 저널리스트로서, 코치로서 십 수 년 동안 수많은 리더들을 만났습니다.

지금 코치로서의 제 재산은 젊은 시절 흔히 '성공한 사람'이라고 불리는 또는 '우수'하다고 평가되는 다양한 계층의 사람들과 많이 접촉했던 경험이라고 생각합니다.

그러한 경험에서 자신있게 말할 수 있는 것 한 가지를 댄다면, 인생에 있어서의 '뺄셈'의 소중함이라고 하고 싶습니다.

판단 하나로 회사가 쓰러질지도 모른다, 이 결단 하나를 잘못 내리면 모든 것이 물거품이 되고 만다……

　그런 압력 속에서 조직을 움직이고 결과를 만들어온 사람들의 공통점이 '뺄셈'을 잘하는 것이기 때문입니다.

　무엇을 포기하면 당신의 목표가 확실해집니까?

　이는 예를 들어, 제가 성공한 사람들로부터 배운 것을 활용한 뺄셈 질문입니다.

　목표가 명확하지 않은 사람에게 어떻게 하면 목표가 확실해질까요?

　라고 물어봐도 좀처럼 명확한 답을 얻을 수가 없습니다.

　왜냐하면 아무리 발버둥쳐도 모르겠는데 '어떻게 하면……' 이라고 물어보는 건 가혹하지 않습니까?

　언제나 뭔가에 쫓기듯 늘 바쁜데 돈은 없다,

　일의 결과가 뜻대로 나오지 않는다,

　크고 작은 트러블이 잠잠한 날이 없다.

　이런 사람들은 대개 '덧셈' 만 하고 있습니다.

　잘 안 되니까 불안해지고,

　이것저것 욕심이 생겨 눈 돌리다가 에러가 나고,

　그러면 예전보다 더더욱 팔 걷어붙여 힘써야 하고.

　이런 악순환의 연속.

　그 일을 하고,

　이것도 하고,

누구누구를 만나고,

다음은 또 누구하고 상담을 하고,

그 일하고 저 일을 한꺼번에 처리하면 어떻게든 만회할 수 있겠지.

하지도 못할 무모한 계획만 세우고 자기 무덤을 팝니다.

내가 이렇다 싶으신 분들은 맨 앞에 있는 질문에 대답하세요.

'인생은 뜻대로 된다' 와 같은 성공을 다룬 책들이 있지요.

진정으로 원하는 건 반드시 이루어진다와 같은.

저는 코치로서 그런 책들은 인정하지 않습니다.

그런 말을 하는(쓴) 사람의 인생이 뜻하는 바대로 이루어졌다고 증명해보일 수는 없으니까요.

그런 안이한 작은 세뇌가 '덧셈' 으로 치우친 자세를 증식시키고 있는 것입니다.

원리적으로 생각할 때 '절실한 소망＝이루어지는 것' 이라 할지라도 사람의 스위치는 그렇게 쉽게 켤 수 있는 것이 아니니까요.

그것보다는 이렇게 생각해보는 건 어떨까요?

무엇을 달성하는 것이든 그렇게 쉬운 일이 아니라면, 당신은 무엇으로 승부를 걸겠습니까?

이른바 '선택과 집중' 은 경영론이 아니라, 경영자의 인생론이라고 저는 생각합니다. 그리고 이것은 시간이라는 경영자원이 주어진, 인생의 경영자인 모든 사람에게 해당하는 것입니다.

Q

자신의 힘으로
무엇을 컨트롤할 수
있습니까?

야구 투수들은 모두 자기만의 투구법을 가지고 있습니다.

투구법이 풍부한 사람, 직구와 커브 정도밖에 못 던지는 사람 등 여러 가지 유형이 있지만, 자기만의 투구법이라는 건 말하자면 자신이 컨트롤할 수 있는 공입니다. 만약 떨어지는 공을 컨트롤할 수 없는 피처가 그것을 시합에서 던진다면 시합이 되질 않습니다.

투구법이 많든 적든, 자기가 자신있게 던질 수 있는 공으로 승부를 건다, 그것이 승리의 기본임은 두말할 필요도 없습니다.

제자리로 돌아와, 이번에는 당신과 당신 주변을 둘러보세요.

어디에, 어떤 식으로 전달될지 예측 불가능한 공으로 승부를 걸고 있는 사람은 없습니까?

컨트롤할 수 없는 것에 힘을 쓰면 필연적으로 예기치 못한 일들이 빈발하는 법입니다. 이것이 '주변 사건이나 사람' 들에게 휘둘리는 사람=컨트롤이 안 되는 사람' 입니다.

그러면 다음 질문에 대답해 주세요.

당신이 던진 공은 상대방에게 제대로 전달되고 있습니까?

시간이라는 한정된 자원을 유효하게 사용하여 좋은 결과를 내려면, 컨트롤할 수 있는 대상에 힘을 집중적으로 쏟아야 합니다.

전 프로야구 소속 B씨는 손가락이 짧아서 떨어지는 공은 던질 수 없었습니다. 직구와 몇 가지 커브 기술만이 그의 투구법이었습니다.

하지만 그는 그것을 십분 아닌 십이분 컨트롤했기에 좋은 성적을 남길 수 있었습니다.

그 반대인 사람이란 어떤 사람일까요?

예를 들어 회의가 예정보다 길어졌다면서 다음 약속 시간에 늦는 사람이 있습니다.

그 대가로 사업상 중요한 일이 파탄나고 맙니다.

설령 그 전 회의에서 만난 상대방이 말이 많은 사람이라고 합시다.

상대방 이야기를 불쾌하지 않게 자르는 기술은 있지만, 기본적으로 상대의 특징을 바꿀 수는 없습니다. 다음 약속에서 거래 이야기를 파기하겠다는 상대방 결단을 바꿀 수도 없습니다.

이 두 가지 일들을 모두 상대방이 컨트롤할 권한을 가지고 있습니다.

그렇다면 만약 지각을 한 것이 당신이라면,

이 경우, 당신이 컨트롤할 수 있는 것은 무엇일까요?

첫 번째 약속과 그 다음 약속 사이에 간격을 두는 건 충분히 가능한 일이죠?

더 빨리 이동할 수 있는 방법을 생각할 수도 있습니다.

이것도 당신이 컨트롤할 수 있는 영역입니다.

일 자체를 분담하는 방법도 있습니다.

관리직이라면 이 부분도 컨트롤할 수 있는 가능성이 높습니다.

컨트롤할 수 있는 것에 힘을 집중시키면 시간을 얼마나 효율적으로 사용할 수 있습니까?

애초에 승산이 없는 공에 매달려 아까운 시간만 낭비하고 있는 건 아닌가요?

상대방에게 컨트롤당하고 있는 거라고 변명한다고 해서 시간이 늘어나는 것은 아닙니다.

그보다는 스스로 컨트롤할 수 있는 나만의 특별한 투구법을 연마합시다.

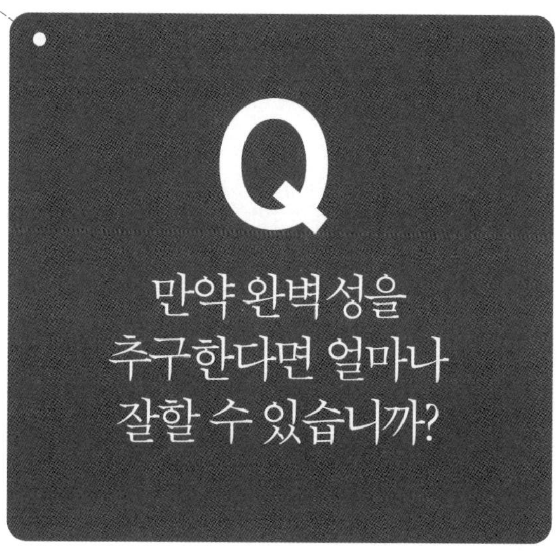

시간관리를 못하는 사람 중에는 완벽주의자가 많은 것 같습니다.

아무리 작은 실밥이 풀렸어도 눈에 들어온 순간 꿰매지 않고는 못 배긴다면…….

결과적으로는 시간초과, 그 다음 활동에 지장을 줍니다.

예전에 다년간 꾸준한 인기를 유지하고 있던 밴드인 A, 멤버 세 명이 나눈 음반녹음에 대한 이야기가 인상 깊게 남아 있습니다.

멤버 C가 한 말 같은데 "어디서 결단을 내리느냐에 승부가 달려 있다."는 내용이었습니다.

즉, 음악을 만든다는 건 이거면 완벽하다라는 결말은 없다.

매번 음반 녹음의 주제에 맞춰 "자, 여기까지 하자."고 과감하게 포기하지 않으면 언제까지고 끝이 없다는 것이었습니다.

소설과 같은 예술작품은 아니지만 원고를 쓰는 일을 해온 저에게 그것은 매우 참고가 되는 말이었습니다.

C가 말하고자 한건 물론 안이한 타협을 권하는 것이 아닙니다.

타협할 수 없는 크리에이터이기에 브레이크 거는 법을 모르면 진정한 결과를 낼 수 없다는 의미겠지요.

'타협'을 파워로 바꾼다면 어떻게 활용하겠습니까?

일에 마침표를 찍는 게 서툰 사람은 '타협'을 긍정적으로 생각해보세요.

그러는 편이 당신의 일을 충실한 것으로 한다면 타협이 플러스로 작용하고 있다는 것입니다.

그래도 타협할 용기가 안 난다, 잘해낼 자신이 없는 사람에게는 매우 효과적인 사고방식을 소개해드리겠습니다.

그것은, 즉 시간 총량규칙(總量規則)입니다.

이 일을 하는 것 두 시간, 이것은 일주일 이내에 끝을 낼 것과 같이 처음부터 틀을 정해버리는 겁니다.

진지하고 일에 대한 의욕이 왕성한 사람은 하나하나 축적하는 방식으로 일을 하다 보면 시간이 점점 부풀어갑니다.

개선을 위한 개선을 거듭하다 종국에는 그것이 무엇을 위한 것이었는지, 하고 있는 일의 본질이 안 보이게 되는 경우조차 있습니다.

이미 깨달으신 분도 계시겠지만 시간을 이 총량규제로 바꾼다는 발상은 행정개혁이나 기업의 비용관리를 생각할 때 쓰는 것입니다.

매주 50시간만 일하셨다고 정한다면 어떤 계획을 세우겠습니까?

'몇 시간'은 이라는 부분은 자신에게 맞게 바꿔도 상관없습니다.

하지만 이런 식으로 생각해보는 것도 좋지 않습니까?

한마디만 덧붙이면, 이것은 효율적인 회의방법에도 적용할 수 있습니다.

완벽＝선, 어중간함＝악이라는 발상을 버리고 언제나 중용(中庸)으로 결과를 내면 된다고 결론지어 버리는 건 어떨까요?

둘 중 하나만 선택해야 한다는 사고방식이 직장에서 과로를 야기하는 원인 중 하나라는 생각이 자꾸만 드는 건 저뿐일까요?

Q

그 자리에서 100% 집중하면 스피드를 얼마나 끌어올릴 수 있습니까?

'존에 들어가다'는 표현이 있습니다.

예를 들어 S구단에서 활약하고 있는 D선수는 타석에 들어가면 배트를 빙글빙글 몇 번 휘두른 다음 투수를 향해 세로로 세운 뒤 자세를 잡습니다.

씨름선수 S의 '탭댄스'라고 불리는 퍼포먼스도 유명하지요.

운동선수들의 이러한 몸짓은 자신만의 존에 들어가기 위한 일종의 의식입니다.

자기가 가지고 있는 힘을 100% 발휘할 수 있는 특수한 시공간을 육체적 컨트롤로 만들어내는 것입니다.

보통 사람들은 그런 모습을 그저 아무 생각 없이 보고 있겠지만 말입니다.

하지만 잠깐 생각해보세요.

당신은 지금까지 존에 들어갔을 때 어떤 성과를 냈습니까?

어릴 적 운동회에서, 시험·취업 면접 때, 일을 하면서 겪은 가장 중요했던 시기까지 과거·현재·미래를 떠올려보십시오. 연애도 있습니다.

이 이야기를 할 때 존에 들어간 적이 한 번도 없다는 사람은 아직까지 만난 적이 없습니다.

집중력이 없어서 고민이라고 말하는 사람조차 심신만 건강하면 존에 들어갈 입구는 반드시 있습니다.

건강한지 어떤지를 체크하자면 다른 주제가 되기 때문에 여기서는 이야기를 '집중의 성과'로 좁혀 생각합시다.

당신은 자신의 존에 어떻게 들어갑니까?

D선수나 S선수를 떠올리며 생각해보십시오.

코치로서 존에 들어갈 수 있도록 도울 때 가장 쉬운 방법은 '선언을 하게 한다'는 것입니다.

당신의 입장에서 바꾸어 말하면,

저라는 코치에게 "○○을 △△까지 하겠다"고 선언하는 겁니다.

저는 꽤 집요한 사람이라 실행을 했으면 반드시 보고를 하게 합니다.

다음 코치 시간이 아니라 실행 직후 전화나 이메일로 말이죠. 물론 그것이 효과적이라고 판단했을 때에만 합니다.

하기 싫은 일은 팽개쳐버리는 경향이 있었던 T씨는, 우선 앞에서 언급한 총량규제의 발상으로 이 작업을 시작했습니다.

완벽주의 경향도 갖추고 있었기 때문입니다.

여기에 동료 한 사람에게 종료시간 직후 성과물을 체크해달라고 부탁했습니다.

감시가 없는 상태에서 무언가를 할 때, 의도적으로 감시자를 붙이는 것도 존에 들어가기 위한 수단 중 하나입니다.

D선수나 S선수에게는 관중이 그것이라고 생각하면 결코 수동적인 발상은 아닙니다.

존 안에서 중요한 일을 달성하면 시간이 얼마나 남습니까?

희망적 관측이어도 좋으니 상상해보세요.

그 시간을 나 자신에게 주는 상으로 생각하고 활용한다면 일에 대한 의욕도 점점 생기지 않을까요?

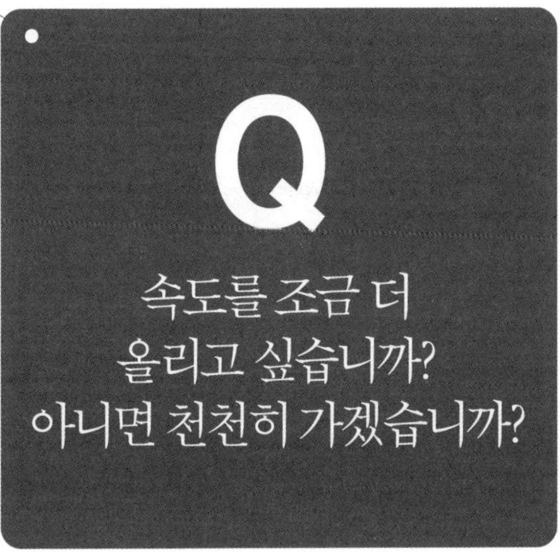

흔히 시간관리라고 하면 효율성을 추구하여 더 큰 성과를 내기 위한 매니지먼트라는 뉘앙스로 받아들입니다.

이렇게 말하는 저 역시 시간의 여유가 있는 편이 아니라 감각적으로는 그런 식으로 입력되어 있습니다.

하지만 코치로서의 시간관리는 전혀 반대의 뜻을 지니는 경우가 있습니다.

과거에 만난 고객 중에는 코치를 하기보다는 일단 휴식을 주는 것이 급선무인 사람들도 있었습니다. 그만큼 업무량이 많고 스트레스에 지쳐있던 것입니다.

위는 정리해고로 잘려 줄어들고, 아래는 채용억제로 사람이 적으니 30대와 40대의 업무량은 확실히 늘었습니다.

이것은 각종 데이터에서도 볼 수 있는 사실입니다.

눈앞의 결과를 내기 위해서는 속도를 올려야 합니다. 하지만 결과를 만드는 기초체력, 육체적 파워가 부족할 땐 일시적으로 속도를 낮출 필요가 있습니다.

당신의 마음은 지금 어느 쪽으로 향하고 있습니까?

고속도로를 질주하는 건가요?

아니면 천천히 평화로운 시골길에서 자전거를 타는 건가요?

일단 의무의식을 버리고 마음가는 대로 나아가는 것만을 상상해보십시오.

나와 시간의 일체감을 느낄 수 있는 건 어느 쪽입니까?

물론 일시적인 것이 아니라 장기간에 걸쳐 천천히 나아가는 것이 목표가 될 수도 있습니다.

창업을 한 사장이자 60대인 S씨는 '가끔씩 습격하는 강렬한 불안감'으로 괴로워하고 계셨습니다.

그것은 사업에 투자한 것이 실패하면 어쩌나 하는 불안감이었습니다.

저는 그의 이야기를 아무리 들어도 문제해결을 도울 방도는 없겠다고 생각했습니다.

그것은 경영자들에게는 있기 마련인 그런 불안함의 영역을 넘은, 정신질환의 경계선에 서 있는 상태라고 판단했기 때문입니다.

"그 문제는 코치할 수 없습니다."고 전했으나, 실은 S씨의 내부에 보다 본질적인 과제가 있음을 알았습니다.

그것은 "회사라는 자기 자식을 놔줘야 한다."는 것이었습니다.

이는 제가 아닌 S씨 본인이 끌어낸 말입니다.

언제까지 선두를 달리실 작정입니까?

깨달음의 기점이 된 건 그런 질문이었습니다.

이 질문을 받는 사람이 만약에 40대라고 해서 반드시 계속 뛰어야 한다고 누가 정한 것은 아닙니다. 정하는 건 당신입니다.

요즘 미디어에서 떠들고 있는 '느리게 살자'에 편승하려는 생각은 없습니다.

그러다 괜히 시골에 비싼 별장이나 사게 될 테니까요.

하지만 당신의 기준에서,

당신의 타이밍으로,

겉으로만 떠들어대는 여유로운 삶이 아닌 최고의 삶을 생각해볼 가치는 있습니다.

그것이 느리게 사는 삶인지 아닌지 다른 사람과 비교할 필요는 없겠지요.

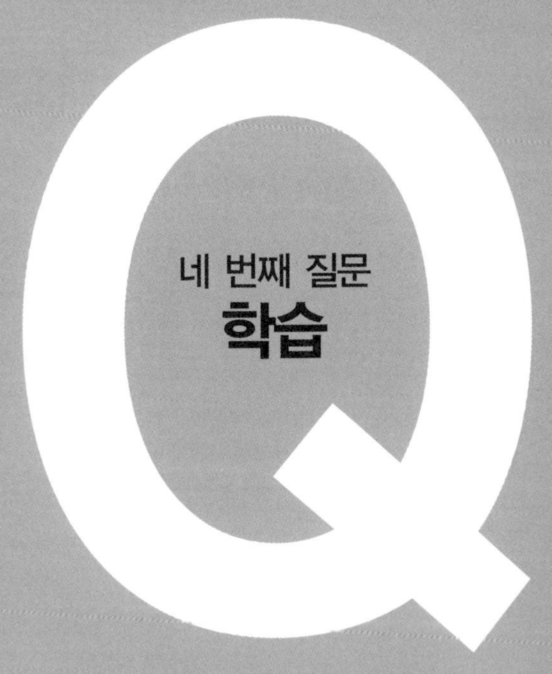

무엇을 배우고 싶습니까?

Q

다시 한 번 학생으로
돌아갈 수 있다면
무엇을 배우고 싶습니까?

직장생활과 학교생활을 왔다갔다하는 생활은 서방국가에서는 별로 드문 일이 아닙니다.

최근에야 한국에도 많은 곳에서 마련한 사회인 강좌가 성행하고 있습니다.

이제 이 부분에도 세계화의 파도가 밀려들어오는구나 싶습니다.

제 워크숍에 온 60대 후반의 남성에게 "무엇을 배울 것인가?"를 주제로 코치했습니다.

바로 이 워크숍에서 한 것입니다.

"공부를 하고 싶어요. 그런데 무엇을 선택하면 좋을지 좀처럼 결정할 수가 없어서요."

이런 단계에서 시작했습니다.

"공부하고 싶은 것이 많다는 건 참 멋진 고민입니다. 어떤 분야에 관심이 있습니까?"

제 질문에 대해 거의 아무 맥락 없이 여섯 개의 선택사항이 언급되었습니다. 몇 분 동안 이런저런 대화를 나눠본 결과 그분의 목적은 무엇을 배우겠다는 것이 아니라 배우는 행위 자체라는 느낌을 받았습니다.

"많은 이야기를 나누면서 아무튼 생각나는 대로, 할 수 있는 것부터 시작해야겠다는 생각이 듭니다. 저는 배운 것을 반드시 어떤 결과로 만들고자 하는 것이 아닙니다. 그냥 공부하는 것 자체가 좋습니다."

10여 분 동안의 코칭 끝에 그는 시원한 표정으로 자리에 돌아갔습니다.

자, 그럼 40대는 어떨까요? 당신의 자기 투자, 즉 학습은 어떤 성과로써 나타나야 하는 것이죠?

그것이 반드시 일이어야 할 이유는 없습니다.

앞으로의 긴 삶을 생각하면 비록 그것이 취미의 연장일지라도 어떤 성과로 이어지길 바랄 것입니다.

조금 어려운 내용이라도 시간을 잊을 만큼 푹 빠질 수 있는 주제는 무엇입니까?

맨 앞의 질문과 함께 이 질문에도 답해 주세요.

제 질문의 의도는 당신 내부에 있는 '배움의 욕구'를 오로지 밖으로 끄집어내는데 있습니다.

현실적인 과제를 짊어지고 있는 40대는 그 답도 현실적이기 일쑤입니다.

어느 회사 인사과 관리직으로 있는 사람에게 물어 보니 "고용문제가 나날이 복잡해지고 있어서 노동법규에 대한 공부를 조금 더 깊이 공부하고 싶다."고 답했습니다.

이것은 학습이 아닌 업무 과제입니다.

여기서 지금 생각해야 할 것은 그런 것이 아니라 당신의 인생을 보다 풍부하게 만들기 위한 학습이란 무엇인가라는 겁니다.

한번 근처에 있는 서점에 가보세요.

거기서 평소에는 안 가는 코너도 포함해서 모든 책꽂이를 둘러보세요. 이것을 반나절 또는 하루에 걸쳐 해야 하는 실습이라고 생각하세요.

포인트는 반복해서 말씀드리지만, 선입견을 배제하고 모든 코너를 둘러보는 것입니다.

그리고 마지막으로 다음 질문을 떠올리세요.

어느 코너에서 '더 알고 싶다'는 생각이 들었습니까?

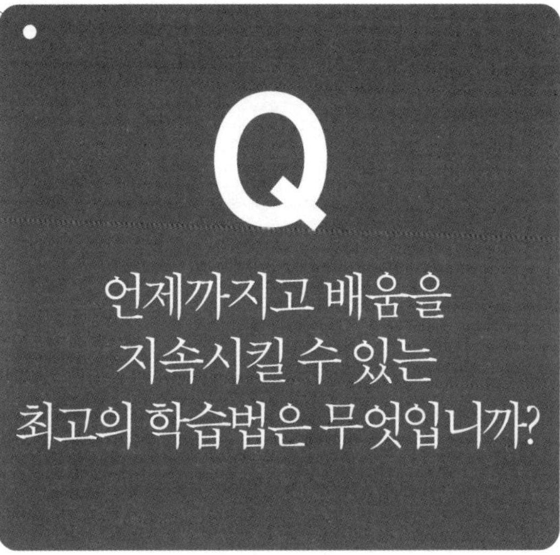

문화강좌에서 강의를 하고 있는 친구와 이야기를 하다 보면 '40대나 50대 여성들은 참 활기차다'는 말을 들을 때가 종종 있습니다.

학습의욕이 왕성한 여성이라는 겁니다.

하지만 저는 꼭 그런 것은 아니라고 생각합니다.

40대 남자도 공부하고 싶은 의욕은 있습니다.

하지만 학습할 만한 환경이 안 되거나 혹은 환경을 못 찾는 경우가 많은 것입니다.

한마디로 너무 바쁜 사람들이 많다는 겁니다.

예를 들어 코칭 프로그램의 경우도 그렇습니다.

수강생 중 관리직 남성들도 많지만 일 때문에 결석을 하고 그만두게 되는 예를 지금까지 많이 보아왔습니다.

학습을 위해 일을 잠시 쉬고 공부하는 경우는 여기서는 제외하겠습니다.

40대는 너무 바빠서 공부할 여력이 거의 없는 경우를 가상으로 설정해서 이야기해보겠습니다.

자, 어느 정도 이 상황과 비슷하다 싶으신 분은 생각해보세요.

일주일 동안 어느 정도의 시간을 학습에 할애할 수 있습니까?

학습을 위한 자원을 명확히 하면 할 수 있는 주제와 할 수 없는 주제를 선별할 수 있을 겁니다.

자원 중에서 우선은 '시간' 입니다.

그럼 더 나아가, 일년 동안 학습에 투자할 수 있는 비용은 얼마입니까?

'시간' 다음에 생각할 자원은 '돈' 입니다.

예를 들어 500만원밖에 투자할 수 없는데 MBA를 취득하려는 건 무의미합니다.

아무리 기초능력이 충분하다고 해도 말입니다.

그럼 다른 관점에서 학습 스타일에 눈을 돌려보겠습니다.

주말에 학원을 다니는 것이 좋은지, 아니면 인터넷으로 집에서 공부하는 게 좋은지, 어학 같은 경우 과외를 할 수도 있습니다.

일이 정시에 끝나는 사람이라면 평일 저녁에 꼬박꼬박 학원에 다닐 수도 있습니다.

당신에게 알맞은 패턴은 어떤 것입니까?

당신은 혼자 묵묵히 공부하는 것이 좋습니까,

아니면 다른 사람들과 함께 배우는 것이 좋습니까?

강의를 듣고 노트에 필기하는 것이 좋습니까,

아니면 직접 참여해서 익히는 것이 좋습니까?

자격증을 따거나 점수를 올리려고 열을 올리는 타입입니까?

아니면 지식을 천천히 흡수하는 것을 중요하게 여깁니까?

무엇을 배울 것인가……와 동시에 어떻게 배울 것인가를 하나의 기준으로 삼고, 그 방법을 선택했을 때 맞는 주제가 무엇인지 생각해보는 것은 어떨까요?

사실 제가 코칭을 배우고자 선택한 이유 중 하나는 학원에 다니지 않아도 된다는 것이었습니다. 물론 내용에 관심도 있었지만요.

자, 이제 마지막 자원은 '의욕'이라고 생각합니다.

학습의 최우선 순위는 당신의 활동 중에서 몇 번째입니까?

Q

지금부터 하는 공부가 당신에게 어떤 가치를 부여합니까?

자신이 공부하는 것을 좋아하는 게 아니라 남에게 공부시키기를 좋아하는 사장이 있습니다.

당장 머릿속에 여러 명의 이름이 떠오릅니다만 그 중에서 Y씨의 예를 소개하겠습니다.

왕성한 호기심의 소유자인 Y사장은 ISO가 화제다 하면 사원을 그 강습에 파견하고, 어디서 EQ강좌 얘기를 듣고 오면 또 사원을 그 강좌에 보내고, 그 다음은 스트레스 매니지먼트다, 이번에는 코칭이다 하면서 어떤 사람의 경우 많게는 6개가 넘는 강좌를 '억지로' 듣고 있습니다.

솔직히 말해 연수를 이끄는 제 입장에서 가장 경계하는 타입의 고객입니다.

수강자가 배우는 것에 수동적이고 마음의 준비도 안 되어 있어서 무엇을 위한 학습인지 파악을 안 하고 있기 때문입니다.

이것은 매우 극단적인 예인데요, 일견 스스로 결정한 것처럼 보이지만 사실은 세상이나 회사에서 컨트롤한 결과 신청하게 된 경우도 있습니다.

제가 어느 프로그램에서 강의를 할 때 어느 수강자에게서 너무도 소극적인 인상을 받은 나머지 다음과 같은 질문을 한 적이 있습니다.

"○○씨는 어떤 부분에 흥미를 느끼고 이 트레이닝에 참여할 결정을 하셨나요?"

그러자 그의 답은 "회사에서 관리직에게 지도력을 요구해서요……"라는 것이었습니다.

당신은 이 대답을 어떻게 생각하십니까?

이 사람은 자신의 '흥미'가 아닌 수강하게 된 '배경'에 대한 설명을 하고 있습니다.

이 수강자는 스스로 결정하고, 자신의 돈을 내서 참가한 경우입니다. 그럼에도 이런 발언을 한다는 것은 어떤 의미에서 제게는 귀한 학습이었습니다.

그 학습을 통해 당신은 어떻게 가꾸어집니까?

첫 질문에 답하기 어려우면 이 질문에 답해 주세요.

물론 두 질문에 대한 답을 놓고 비교해도 좋습니다.

당연한 얘기지만 학습의 주체는 당신밖에 없습니다.

따라서 왜 배우는가에 대한 설명을 할 때 회사나 상사가 이러쿵저러쿵했다고 말하는 건 전혀 설명이 안 됩니다.

'나'를 가장한 '세상'이나 '회사'가 동기의 애매한 선택을 시키고 있는 건 아닌가요?

인생을 어떻게 성취할 것인지, 그 중요한 갈림길에 서 있는 40대가 여기서 안이한 선택을 하는 건 자살행위입니다.

협박하는 것으로 들릴 수도 있지만 투자할 시간과 자금을 생각하면 그렇게 말할 수밖에 없습니다.

지금 40대인 당신이 앞으로 어떻게 갈고 닦아 멋지게 나이를 먹으면 행복할 것인가.

모델이 될 만한 실제 인물의 예를 두세 명 드는 것도 좋은 방법일 것입니다.

그렇게 되기 위해 무슨 공부를 할 겁니까?

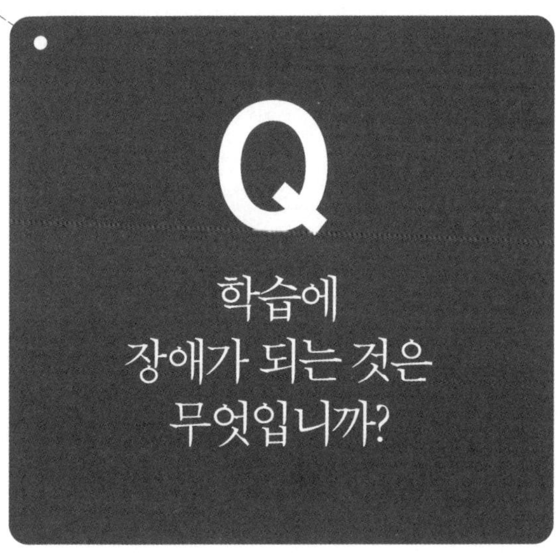

40대의 배움에는 가는 길을 막고 나서는 장애물이 있기 마련입니다.

먹는 데 걱정은 없으니 공부라도 할까하는 행복한 사람은 둘째치고, 결단을 하긴 했지만 대체 앞으로 어떻게 될지 모르겠다는 사람이 많을 것입니다.

역시 가장 먼저 들 수 있는 문제는 시간의 제약이 아닐까요?

일주일에 ×시간은 확보할 수 있다고 확인해보지만 언제나 시나리오대로 되는 건 아니니까요.

이와 관련된 것이 우선순위에 대한 문제입니다.

아무리 공부하고 싶어도, 마음은 그쪽을 향해 있어도, 눈앞에 있는 일을 제쳐놓을 수는 없습니다.

그렇게 해버리면 어쩔 수 없이 일은 늦어지고, 그러다 고개를 들어 보면 한바퀴 늦고, 그리고 결국 동기의 저하라는 마의 사이클에 휘말리게 됩니다.

하지만 이것은 학습뿐만 아니라 바쁜 사람이 새로운 무엇인가에 도전할 때면 반드시 발생하는 문제입니다.

4번 선발 투수이자 감독인 중소기업 사장이 눈앞에 싸여 있는 일에 매몰되면서도 내일 벌일 사업을 위한 씨를 뿌린다……같은 경우, 400m 장애물경주 선발주자조차도 새파래질 정도로 장애물이 줄을 서서 기다리겠지요.

장애를 제거할 방법은 몇 개나 됩니까?

저는 반드시 장애가 일어날 것을 전제로 고객과 함께 행동계획을 정찰합니다.

장애가 나타난 다음에 생각하는 것과 사전에 대책을 마련해놓는 것과는, 대부분의 경우 대처능력에서 차이가 있습니다.

당신의 상황을 생각하고,

발생할 가능성이 있는 장애를 생각나는 대로 건져올려보세요.

그리고 그 하나하나에 대하여 이번에는 생각해낼 수 있는 모든 대처법을 써보는 겁니다.

이 작업을 철저히 한 다음, 다시 시기를 보고 똑같은 작업을 반복합니다.

앞으로 나아가면 그만큼 또 다른 장애를 예측할 수 있습니다.

이것은 학습보다 일에 적용하는 게 낫지 않냐고 생각하실 수도 있습니다.

맞습니다. 누구나 그렇게 생각합니다.

그래서 일에 관한 한 정도의 차이는 있지만 생각하는 사람이 많습니다.

그런데 우선순위를 내릴 수밖에 없는 학습의 경우 거기까지 생각하지 않는 게 일반적입니다.

할 수 없어도 어쩔 수 없지……라는 무의식중의 타협이 대부분의 사람들 안에 자리하고 있습니다.

그렇기 때문에 반대로 말하면, 여기서 그렇게까지 철저하게 하는 이유는 40대의 한세를 돌파할 자기 투자를 가능하게 만듭니다.

왜냐하면 애초에 정말로 하고 싶은 것을 선택한 거잖아요.

아무리 애를 써도 피할 수 없는 장애가 있다면,
그것은 무엇입니까?
나온 대답은 "그땐 깨끗이 포기해야지."
그렇게 할 수 있으면 OK입니다.

Q

배움을 위해 무엇을 포기할 건가요?

여기서 다시 한 번 뺄셈의 중요성을 언급하겠습니다.

저는 종종 별로 좋아하지 않는 다른 업종간 교류모임 같은 곳에 초대를 받아 얼굴을 내밀고 오는 경우가 있습니다.

그런 곳엔 이른바 '공부하기 좋아하는' 사람들이 모입니다.

그런데 그 공부를 무엇에 연결시키고, 최종적으로는 어떤 것을 만들고 싶은데? 라는 것이 안 보이는 사람이 많습니다.

일이 끝난 다음에도 이런 곳에서 명함을 돌리며 다닐 정도니 일에도 의욕적이고 지식욕구도 왕성합니다.

본래 활달하고 교제관계도 넓으며 향상시키고자 하는 욕구도 강할 것입니다.

하지만, 만약에 이에 해당하는 분이 계시다면 죄송하지만, 그렇게 많은 일을 해도 무엇을 얻을 수 있다고 생각하는 걸까요?

이것이 저의 소박한 의문입니다.

그건 제가 요령이 없는 사람이라 그렇게 생각하는 것일는지도 모릅니다. 하지만 학습을 출력으로 연결시키고 있는, 즉 결실있는 것으로 만들고 있는 사람은 우직한 자세로 임하고 있는 것이 아닐까요.

허들이 높을수록 그렇습니다.

동료들과 어울리는 일은 줄어들어 뒤에서 욕을 얻어먹거나, 경우에 따라서는 부하에게 반강제로 일을 떠맡기며 시간을 짜내거나, 부인에게 잔소리를 들으면서도 일요일은 나만을 위한 시간으로 한다거나 말입니다.

이기석이라고 볼 수도 있지만, 그것은 선택에 의한 것입니다.

바꾸어 말하면 어떤 부분은 의도적으로 희생하고 있는 것입니다.

하지만 정작 당사자는 희생이라는 생각도 없이 그저 좋아하는 일을 즐기고 있는 경우가 많지만요.

이야기를 다시 제자리로 돌리겠습니다.

이것저것 다양한 일에 도전하고 있는 사람은 그 행동을 통해 출력하고 있다고 생각할지 모르나 그 실체는 입력과다입니다.

배움을 통해 무엇을 얻고 싶습니까?

앞으로 회사를 이끌어가야 할 40대이므로 이 점을 꼭 생각하기 바랍니다.

그렇지 않으면 그저 묵묵히 일만 하는 것이 바람직하다고 생각합니다.

더욱 가치 있는 학습에 시간을 할애한다면,

투자해도 좋은 시간이 얼마나 있습니까?

이렇게 생각하는 것도 재미있지 않습니까?

그냥 타성에 젖어 술을 마시는 시간, 사실은 야구시합의 결과만 알면 되는데 엉덩이를 뗄 줄 모르고 마냥 붙들고 앉아 보고 있는 스포츠뉴스, 너무 깊이 빠져든 마니아 취미 등등. 혹시 이 중에 해당사항은 없습니까?

저는 원고를 쓸 시간을 할애해 코칭 프로그램을 수강했습니다.

원래 '일을 하기 위한 시간' 이었기 때문에 '미래의 일' 을 위해 확실한 준비를 할 수 있었습니다.

학습을 위해 포기하지 않았다면 이렇게 코치를 하고 있는 지금의 저는 없었을 겁니다.

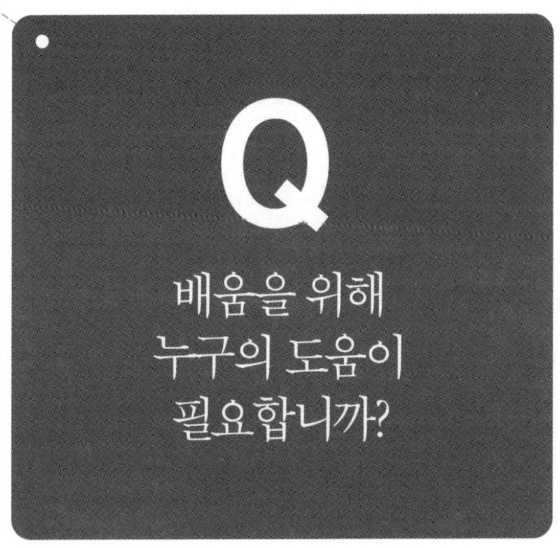

배움뿐만 아니라 무언가 새로운 것을 시작하려 할 때는 남에게 피해를 주면 어쩌나 하는 생각을 그다지 많이 할 필요는 없습니다.

기본적으로 이 책을 읽어주시는 40대는 바쁘고 여유가 없을 거라고 생각합니다.

실제로 제가 아는 많은 그런 사람들의 얼굴을 떠올리며 이 글을 쓰고 있고요.

학습을 위해 피해를 주는 사람이라면 가장 많이 거론되는 상대는 가족입니다.

제가 상대하는 사람은 남성 간부나 경영자가 많으므로 그 대상은 곧 부인과 아이들입니다.

왜 그런지 상상이 가는 분들도 계시겠지요.

우선 학습을 위해 할애하는 시간은 주말인 경우가 많습니다.

그렇게 되면 모처럼의 휴일을 본인을 위해 쓰게 되고, 이에 미안함을 느껴 행동으로 못 옮기게 된다는 것입니다.

가족에 관한 주제는 여섯 번째 질문에서 다루므로 여기서는 어디까지나 일례라고 생각해 주십시오.

그밖에 피해를 주는 상대라면 역시 생각할 수 있는 건 직장 부하나 동료지요.

기업에서 연수를 할 경우에도 이 연배 분들은 연수 도중에 직장에서 전화가 와서 자리를 뜨고, 첫날만 나오고 이틀째는 결석을 하는 등 어중간하게 되어버리는 경우가 있습니다.

당장 급한 회사 일이 우선이라지만, 매사가 이렇다면 자신을 위한 투자는 점점 어려워지지 않을까요?

그래서 첫 번째 질문에 '도움'이 나온 겁니다.

만약에 도와달라 한마디를 할 수 있다면, 지금 할 수 없다고 생각한 일이 어떻게 달라질까요?

내 개인적인 일로 도와달라는 말을 어떻게 하냐고 단정짓고 있는 긴 아닙니까?

"오늘은 ○○하고 ××건 외에는 연락하지 말아달라.

부하에게 이렇게 말하고 이 연수에 왔습니다."고 말한 사람이 있었습니다.

하루종일 실시된 연수 내내 날카롭게 빛나던 그의 눈빛은 시종일관 제 힘을 고조시켜주었습니다.

그 분과는 그 후로도 여러 번 대화를 나누었고, 연수에서 학습한 일의 성과도 보고해 주셨습니다.

그 사람에게 도움을 받은 대신 어떤 보답을 할 수 있습니까?

40대가 진지하게 생각하는 자기 투자, 배움이라는 것은 틀림없이 주변 사람들에게 어떤 형태로든 영향을 주는 것이라고 생각합니다.

만약에 그렇다면 도움을 받아 몰두하려 하는 것을 통해 도움을 준 사람들에게 장래에 어떤 편의를 줄 수 있을 것인가 생각해보는 것은 어떨까요?

다른 각도에서 밀하면,

전망 없는 자기 투자로는 협력을 얻을 수 없다는 것입니다.

많은 경우, 고독한 싸움은 고투를 면할 수 없습니다.

그리고 좌절이라는 결과로 끝나는 것을 몇 번이나 보고 들어왔습니다.

공부는 혼자 하는 것이다는 건 아주 잘못 알고 있는 겁니다.

등을 밀어주는 아군을 찾는 것이, 결과로 이어가는 큰 열쇠라 할 수 있습니다.

Q

배움에 대해
어느 정도의 열정을
가지고 있습니까?

자격증을 취득하고 싶다, 특정한 기술을 익히고 싶다 등등의 이유로 코치를 의뢰하는 분들이 있습니다.

이 경우 저는 가장 먼저 두 가지 점을 확인합니다.

하나는 본인의 실력에 따른 허들의 높이입니다.

또 하나는 진심인가 아닌가 입니다.

이 질문에서는 다양한 각도에서 '배움'에 대한 당신 안의 대답을 끄집어내는데 치중했습니다.

그리고 마지막으로 새삼 당신의 '진심도'를 확인하고자 합니다.

제가 늘 신기하게 여기는 것이 있습니다.

그것은 자격증을 취득하고 싶어서 코치를 고용하겠다고 말하면서도 '의욕도수는 몇 %나 됩니까'라고 물어보면 즉석에서 100%라고 대답하는 사람이 매우 적은 점입니다.

혹시나 해서 말씀드리지만 저는 자격증 전문가가 아닙니다.

즉, 주택관리사나 TOEIC, 공인중개사 등 취득하고 싶은 자격증을 '가르치는' 입장에 있는 사람이 아닙니다.

즉, 코치받고 싶은 사람은 각 전문가 선생님에게 지도를 받으면서 (대개의 경우 전문학원 등에서) 전문가가 아닌 코치를 찾아와, 결코 비싸지 않은 코치비용을 내고 고용하려 하는 것입니다.

굳이 제 밥그릇을 줄이는 발언을 하자면, 의욕이 충만한 사람이 아니라면 코치를 고용하는 건 돈 낭비입니다.

코치의 고용여부는 제쳐두고라도, 일단 결과를 내려면 지나치지 않나 싶을 정도의 열정을 지속시켜야 함은 필수불가결한 조건입니다.

가끔 "의욕을 높여주세요." 등의 의욕의 'ㅇ'자도 찾아볼 수 없는 문의가 오곤 합니다만 50점의 의욕을 100점으로 올릴 수는 없습니다.

그런 사람은 초점을 맞춰야 할 주제가 따로 있습니다.

적당히 공부해서 자신이 미래지향적으로 살고 있는 척하고 싶은, 즉 스스로 자기 자신을 속이고 싶은, 가슴 저 깊은 곳의 욕구가 부각되는 경우도 있습니다.

그것을 배움으로써 어떤 '나'와 만나고 싶습니까?

이것은 워크숍에서 하는 설문조사용 질문인데 한번 자문자답해 보세요.

배움이라는 것은 시야를 넓히고, 자신의 틀을 깨서 새로운 세계를 개척하는 것이라고 생각합니다.

그 저편에 있는 자신의 모습을 눈을 감고 조용히 그려보세요.

10대, 20대가 그곳에 있는 새로운 자신의 모습을 그릴 수 있는 건 당연한 일입니다.

만약에 그렇지 않다면 오히려 문제가 있는 겁니다.

하지만 40대의 경우 그것이 어려운 게 당연하기에 더더욱 껍질을 벗은 자신의 모습을 찾는 작업이 가치 있는 것이라고 생각합니다.

그림이 확실해지면 다음 질문에 대답해 주세요.

지금, '의욕'은 얼마나 높아졌습니까?

분명 몇 %의 사람들은 당장 행동하고 싶어서 몸이 움찔움찔할 것입니다.

또 몇 %의 사람들은 아무런 변화도 없을 것입니다.

변화가 없는 것은 그것이 자신이 몰두해야 할 주제가 아니기 때문입니다.

그것을 알면 쓸데없는 투자는 안 해도 됩니다.

그것 역시 하나의 성과가 아닐까요?

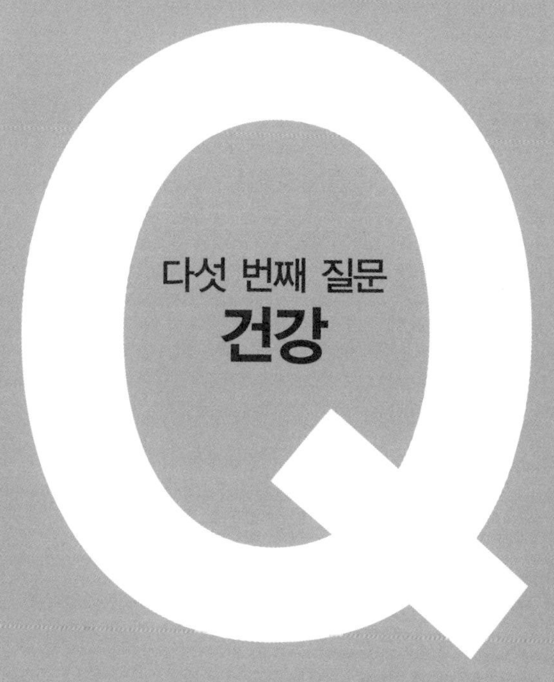

건강을 위해 하고 싶은 것은 무엇입니까?

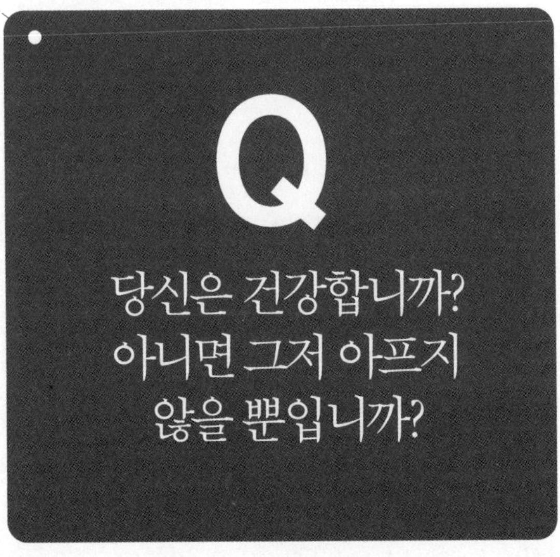

대부분 직장생활은 익히 아시는 바와 같이 불규칙적인 생활을 하는 세계입니다.

야식에 과음에 철야의 연속. 저 역시 30대 전반 정도까지는 그런 생활에 일말의 의문도 느끼지 않았습니다.

잘 아는 A씨는 언제나 피곤함을 풍기는 사람이었습니다.

분득 "피곤하세요?"라고 물어보면 꼭 "아니, 괜찮아."의 반복. 말투나 태도는 쾌활하고, 힘이 넘치는 인상을 받은 것도 사실입니다.

일 관계로 연락이 끊겼다가 몇 년 만에 만났을 때, 그가 다른 사람이 된 것처럼 비쩍 말라서 놀랐습니다.

"마르셨네요."라며 너무 솔직하게 물어보자 "사실은 몸이 좀 아팠어."라는 대답.

그 후 다행히도 건강을 되찾은 그는 예전보다 혈색도 좋아졌고, 무엇인가에 쫓기는 듯 절박해 보였던 분위기도 사라지고 온화한 분위기를 풍기고 있었습니다.

"왠지 위안을 줄 것 같은 아저씨로 분위기가 바뀌셨는데요."라며 반 농담조로 말하자 "그렇지, 옛날에는 내가 위안을 필요로 한다는 것도 모르고 뛰어다녔으니까."하고 매우 진지한 표정으로 답했습니다.

큰 병을 앓은 적이 없다,

체력에는 자신 있다,

이렇게 큰소리치는 열정적인 일중독 인간은,

이 사람 외에도 많이 알고 있습니다.

이 책을 읽고 있는 당신도 혹시?

사실 저도 신생아 때 외에는 입원한 적이 없습니다.

병원에서 지적할 만큼 나쁜 데이터도 없고요.

그런 의미에서는 매우 건강한 것처럼 보입니다.

하지만 어쩌면 그것은 환상일지도 모릅니다.

만약에 병이 든다면, 어떤 증상을 '가장 사실적으로' 예상할 수 있나요?

건강하다고 여기고 있는 사람일수록 이 질문에 답해 주세요.

'사실적으로' 라는 점이 포인트입니다.

답하기 어려우면 다음 질문으로 넘어가도 됩니다.

평소에 몸이 보내는 주의신호로 '혹시?' 라는 생각이 드는 곳은 있습니까?

조금 피곤하다 싶을 때 가장 먼저 타격을 받는 부분은 어디입니까?

저는 학창시절 잘 맞추기로 유명한 역술인에게 "40대가 되면 눈병에 조심하고, 늘 잘 관리하는 걸 잊지 마."라는 말을 들었습니다.

저는 40대가 넘으면서 아침에 일어나서 눈이 부옇게 보일 때면 일을 무리하고 있는 건 아닌지 확인합니다.

그럴 때는 대개 어딘가에 균열이 생겼음을 발견합니다.

앞에서 언급한 편집자는 과로로 인해 발생한 망막박리를 앓을 때까지 자신이 무리하고 있다는 느낌은 안 받았다고 합니다.

큰 병을 앓은 적이 없기 때문에 건강하다는 건 지금까지 큰 지진이 일어난 적이 없기 때문에 안전하다는 것과 같습니다.

그저 마그마의 움직임을 알아채지 못하고 있을 뿐인지도 모릅니다.

애초에 절대적인 건강을 기대하는 것 자체가 무엇보다도 비현실적이라고 생각하지 않으십니까?

Q

10년 전의 이상적인 체중과 현재의 이상적인 체중은 같은가요? 아니면 달라졌습니까?

이것은 제가 어느 코치로부터 받은 질문에서 힌트를 얻은 질문입니다.

약간 살이 쪘다고 자각하고 있던 저는 가벼운 마음으로 다이어트 지도를 의뢰했습니다.

그때 '이상'이라는 것이 얼마나 애매하고 변하기 쉬운 것인지 통감했습니다.

코치 주제에 멋없지만 고백하겠습니다.

헬스클럽에 다니던 20대 후반의 제 몸무게는 대충 60kg 정도였습니다.

이것은 그 후 비만에 위기감을 품고 그 어느 때보다 진지하게 다이어트를 생각하기 시작했던 시기의 제가 목표로 한 몸무게이기도 합니다.

이 글을 쓰고 있는 단계의 몸무게는 겨우겨우 62kg에서 62.5kg 근처.

이제 곧 목표달성이라고 말하고 싶지만 60kg이던 시절의 저는 앞으로 2kg정도만 빼고 싶어서 헬스클럽에 다녔던 것입니다.

실제로 육상 단거리 선수를 하던 학생 시절에는 57~58kg 정도였습니다.

나이와 함께 체형이 변하는 것을 특별히 아파할 필요는 없습니다.

운동량 자체가 틀린데 너무 이상에 매달릴 필요는 없습니다.

다만 젊은 시절에는 분명히 가지고 있었을 기준이, 자신도 모르는 사이 어느덧 허물어져 버리는 것만은 피해야 합니다.

10년 전 당신이 지금 올라타고 있는 체중계의 바늘을 보면 가장 먼저 뭐라고 말할까요?

저라면 "큰일났다!"고 말할 것 같습니다.

혹은 바늘이 가리키는 숫자를 믿을 수가 없어 "이 체중계 고장난 거 아니야?"라고 말할지도 모르죠.

하지만 실제 저는 "음, 꽤 괜찮은데." 하고 다이어트 작전의 진척에 스스로 만족하고 있는 것입니다.

진심을 말하자면, 육상선수 시절을 기준으로 열심히 해보려는 생각은 없습니다.

'이 정도 유지하면 되지' 라는 생각이 들기도 합니다.

하지만 이 정도라는 선의 강한 기준이 없으면 둔한 아저씨가 되는 마의 사이클에 휘말리고 맙니다.

보세요. 당신 주위에도 있잖아요, 그런 사람이.

그것은 바로 당신일지도 모릅니다.

최종적으로 몇 kg 유지를 결단할 겁니까?

여기서의 마지막 질문은 이것입니다.

코칭 기술을 조금만 설명하겠습니다.

몇 kg이 되는 것이 목표입니까? 가 아니라 유지하는데 초점을 맞추는 것이 포인트입니다.

다이어트에 실패하는 이유는 자신이 바라는 체중을 목표로 살을 빼려고 하기 때문입니다.

그렇게 하면 달성한 시점에서 목표가 사라지고 맙니다.

남은 건 리바운드뿐입니다.

처음부터 계속 유지할 생각으로, 불타 없어지지 않게 행동하기.

이것이 긴 싸움을 이겨내는 철칙입니다.

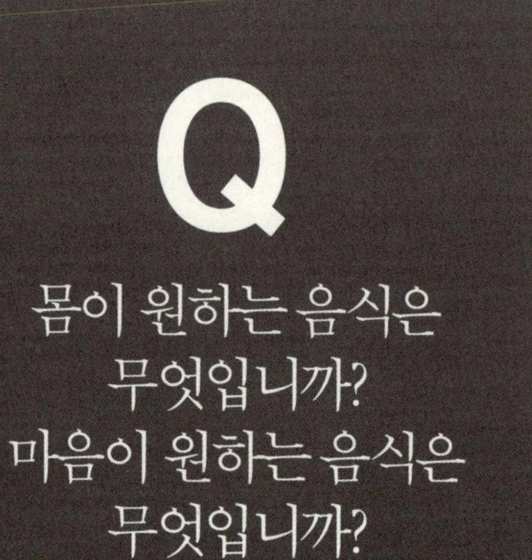

마음이 원하는 음식을 먹읍시다.

자연요법의 카리스마적 존재인 D씨의 말이 계속 머리에 남아 있습니다.

술을 별로 마시지 않는 사람은 회식자리에 가서도 술을 마시지 않는 만큼 식사를 많이 하게 됩니다.

30대 전반까지는 많은 사람들에게 "참 잘 먹는다."는 말을 들었습니다.

싫고 좋고 가리는 음식은 거의 없었지만 특히 선호하던 것은 붉은 생선이나 육류였습니다.

계란 요리도 좋아하고 기름진 것도 좋아합니다.

한마디로 고 칼로리, 고 콜레스테롤의 전형이었습니다.

결혼 후 아내에게 조금씩 식사 교정을 당하기 시작했을 무렵 처음 접한 것이 균형 식사 책이었습니다.

마음이 원하는 음식은 식사라는 입력을 열량으로 바꾸는, 출력의 단계에서 깨닫게 됩니다.

소화 상태가 좋고 몸을 가볍게 움직일 수 있고, 그 덕에 머리도 맑아지고 집중력이 지속된다. 즉, 정확하게 말하면, 마음이 원하는 것을 섭취하면 몸에도 서서히 효과가 나타난다는 것입니다.

오전을 상쾌한 기분으로 보내기 위한 아침 식사 메뉴 3가지를 대보세요.

영양의 균형 등 전문적인 것은 생각하지 말고, 지금까지의 경험과 좋아하는 것을 반영해서 생각해보세요.

생각의 포인트는 먹을 때 혀가 느끼는 맛보다는 먹은 후의 기분과 행동입니다.

톱 3가 다 갖춰졌으면 식탁 위에 나열되어 있는 음식을 떠올리면서 다음 질문에 대답해 주세요.

앞으로 자기 자신을 위해 의식적으로 무엇을 먹으려고 노력할 겁니까?

저는 된장·시금치·토마토·우엉을 의식적으로 먹었습니다.

항상 이것을 머리에 넣어두면, 출장을 가는 등 뜻대로 되지 않을 때도 가능한 한 근접한 것을 섭취하게 됩니다.

저는 이것을 약간 과장되게 '식사의 전략화'라고 말합니다.

완벽한 균형과 첨가물의 완전 배제 등을 생각하기 시작하면 대부분의 사람들은 좌절합니다. 그런 건 어차피 불가능하다는 것을 깨닫고 극단적으로 리바운드하는 것입니다.

그런 쓸데없는 일을 하느니 마음이 원하는 것 몇 가지를 머릿속에 넣어두는 것이 실천적입니다.

마음이 원하는 것을 먹는 것과 맥도널드의 아침 메뉴를 물어뜯는 것은 오전 시간의 출력에 어떤 차이를 줄까요?

여기서 시범을 보인 아침식사 메뉴를 점심, 저녁 식사에도 응용해 보세요.

자신의 식생활을 반성하는 사람이 코칭 효과도 있을 거라 생각합니다.

중·장년 비즈니스맨을 앞에 두고 위의 질문을 했습니다.

예를 들어 30명에게 물어봤다고 하면, 건강 마니아들의 모임이 아닌 한 아무도 채 5개를 말하지 못합니다.

정말로 없습니까? 라고 다시 물어봅니다.

하지 않는 것보다는 낫다, 아주 조금이라도 좋으니 몸에 공헌하고 있다, 고 여겨지는 것.

그것도 포함해 주세요.

이렇게 덧붙이자 잠시 생각한 다음 답이 늘었습니다.

전철 안에서 잠시 눈을 감는다,
약 한 시간마다 책상 앞에 일어서 기지개를 켠다,
조금 짜증나는 일이 있으면 심호흡을 한다 등등.
이제야 생각났다는 듯 여러 대답이 들립니다.
그것들을 소개한 뒤 다음 질문을 했습니다.

지금 하고 있는 건 아니지만 하려고 마음먹으면
언제든지 실행할 수 있는 것은 무엇입니까?

앞의 두 개의 질문으로 대답할 내용의 밑바탕이 깔려 있기 때문에
비교적 대답이 쉽게 나옵니다.
여기서 나온 미래형 대답을 포함해 겨우 5가지 방법이 갖춰졌습니다.
40대 중반, 약간 비만기가 있는 모 회사 부장의 대답은 이런 것이었
습니다.
실천하고 있는 것…… 알로에 주스를 마신다.
하지 않는 것보다는 하는 게 좋은 수준에서 실천하고 있는 일……
될 수 있는 한 웃으려고 노력한다.
휴일에는 강아지를 산책시킨다.
하려고 마음먹으면 할 수 있는 일…… 출퇴근하는 역의 에스컬레
이터를 사용하지 않고 계산을 오르락내리락한다.
술을 자제한다.
그것을 1년 동안 계속 하면 어떤 '좋은 일' 이 있습니까?

어떻게 하면 1년 동안 지속시킬 수 있을까요? 라고 물어보는 것도 하나의 방법입니다.

하지만 저는, 먼저 결과를 보아두는 것이 중요하다고 생각합니다.

엉덩이를 때리면 행동은 하지만 전망 없이는 지속력이 생기지는 않습니다.

지속시키기 위해 필요한 것은 확실한 전망입니다.

"숙취 때문에 불쾌해하는 일이 없어져서 일의 능률이 오른다. 몸이 지금보다 조금은 가벼워져서 금세 숨이 차는 현상도 없어지겠죠. 아니, 거기까지 효과를 올리는 건 힘든가⋯⋯. 하지만 어차피 하는 거라면 그 정도는 변화는 당연히 바라죠."

앞에서 말씀드린 부장은 이렇게 말하며 눈을 반짝였습니다.

아무렇지도 않은 대답도 행동과 결과를 떠올리다 보면 조금 더 이렇게 되고 싶다는 동기가 높아지기 때문입니다.

이를 계기로 성인병을 방지할 수 있다면 셀프 코칭만큼 저렴한 건강법도 없습니다.

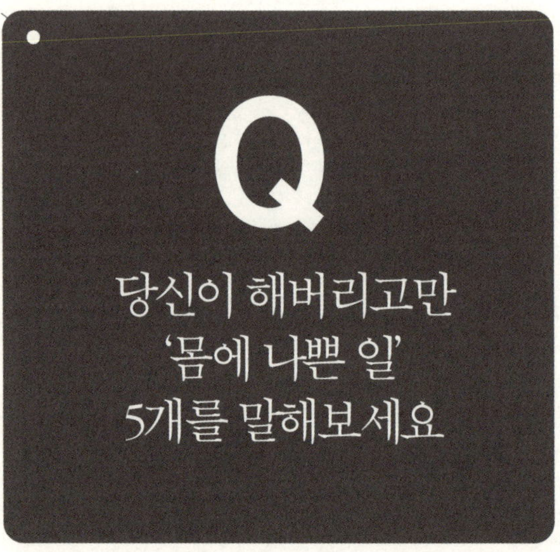

가끔 코치가 ‘타입 A’라고 부르는 사람이 있습니다.

심리 테스트의 성격유형을 말하는 것이 아닙니다.

A란, 아드레날린(adrenalin)의 A입니다.

즉, 아드레날린을 지나치게 방출하지 않으면 못 견디는 타입 — 일 중독이라 불리는 사람들과 겹쳐집니다.

몸에 나쁜 일을 하고 있는 사람이 반드시 타입 A인 것은 아니지만, 타입 A는 대체로 몸에 안 좋은 일을 하고 있습니다.

타입 A가 아닌데 몸에 안 좋은 일을 하고 있는 사람은 일과 상관없는 어딘가에 불만이 쌓여 있는 게 분명합니다.

자, 그럼 앞서 한 질문의 대답은 어떨까요?

참으로 슬픈 일입니다.

워크숍 등에서 이 질문을 하면 앞의 질문에서 물어본 '몸에 좋은 일'에 비해 비교적 술술 나옵니다.

아무리 사소한 것이라도 좋으니 우선 5개를 모아보세요. 그러면 다음 질문입니다.

몸에 안 좋은 일을 하고 있는 이유를 생각나는 대로 말해보세요.

과음을 조심하자, 담배를 끊자고 생각하고 있는 사람은 하늘에 떠있는 별의 수만큼이나 많습니다.

하지만 5년이 지나도 6년이 지나도 말하는 건 똑같고 실행하지 않는 것도 똑같은 건 왜일까요?

그 '나쁜 일'을 원하는 '나'가 어떤 '나'인지 몰라서 그런 것입니다.

지루한 일에 대한 불만을 풀기 위한 술, 기분전환이 잘 안 되는 걸 커버하기 위한 담배, 수단과 목적을 잘못 선택한 다이어트, 습관이라는 건 알면서도 계속 취하고 있는 나쁜 자세 등등.

큰 것부터 작은 것까지, 그것들을 지금 현재 원하고 있는 '나'가 있다는 사실을 우선 직시할 필요가 있습니다.

그것을 원치 않아도 되는 나는, 지금의 나와 어떻게 다릅니까?

몸에 나쁜 일을 필요하지 않게 된 상태를 이것저것 떠올려봅시다.

정말로 해결해야 할 주제는 몸에 나쁜 일을 하는 배경 속에 숨어 있습니다.

과거에 몇 번이나 금연을 시도하고는 그때마다 좌절을 반복한 사람이 직장에서의 인간관계가 극적으로 개선된 다음 금연에 성공했습니다.

이런 경우와 마주한 일이 지금까지 두 번 있었습니다.

건강을 돌보는 일은 의외로 조직개혁과 통하기도 합니다.

몸에 나쁜 일을 계속하다 보면 앞으로 어떻게 될까요?

10년 후 자신의 모습을 또렷이 그려보세요.

마지막은 충격요법으로 끝냅니다.

이미 의식하고 있는 '최악의 모습' 보다 더욱 무서운 현실이 기다리고 있다면?

당신을 지키는 것은 의사가 아닌 바로 당신입니다.

Q

건강을 위해
알고 싶은 지식 노하우는
무엇입니까?

예전에 친구가 건강잡지를 편집하는 일을 할 때 잠깐 그 내용을 보고 깜짝 놀란 경험이 있습니다.

○○을 하면 성인병을 예방할 수 있고,

□□을 했더니 암이 사라졌다,

한 달에 5kg이 빠지는 △△ 다이어트 등등.

획기적인 방법이 이렇게 많구나 하고 놀란 나머지 머리가 어지러워져 그대로 병이 들 것만 같았습니다.

더욱 놀라웠던 것은 그런 류의 정보가 월 단위로 새롭게 등장한다는 것입니다.

　설마 거짓말이겠지 싶은데 그러한 방법으로 성공했다는 사람이 끊이질 않습니다.

어쩌면 당신 주변에도 이런 정보가 날아다니고 있는 건 아닌가요?
부디 ○○를 하면 좋다는 식의 정보에 현혹되지 맙시다.
중요한 건 당신 자신이 무엇을 습득하고 싶은가입니다.

"특별히 뭐가 좋다 이런 건 없어요.
아무튼 운동부족에다 수면부족까지 생겨서 슬슬 몸을 위하지 않으면 위험할 것 같아 그저 막연히 생각하고 있을 뿐입니다."

이렇게 말한 40대 후반의 S씨에게 이런 질문을 했습니다.
자신의 몸과 건강에 대해 얼마나 설명할 수 있습니까?
S씨는 잠시 경직된 표정으로 생각에 잠겼습니다.

"으음…… 키나 몸무게, 머리카락의 양이라든가,
큰 병에 걸린 적이 없다라거가,
웬일인지 벌레에 많이 물린다거나,
요즘 들어 몸이 딱딱해진 것 같다거나, 뭐 그 정도?"

여러분은 자신의 몸과 건강을 어떤 식으로 설명할 것입니까?

설명했다고 생각하고 다음 질문을 하겠습니다.

당신은 자신의 몸과 건강에 대해 정말로 중요한 일을 얼마나 알고 있습니까?

"콜레스테롤은 표준치보다 조금 높다. 2년 전 검진에서는 특별히 어디도 이상한 곳은 없었다.
체중은 표준이고, 체지방률도 표준일 거다.
으음…… 그리고…… 중요한 게 또 뭐가 있었지?"

S씨는 또 다시 생각에 잠겼습니다.
2년 전 검진 결과를 안다고 해서 정말로 중요한 것을 알고 있다고 할 수 있을까요?

자, 그럼 당신은 어떻습니까?
자신을 조금 더 객관적으로 파악한다면 어떤 지식과 노하우를 알면 도움이 되는지 더 확실해질 거라고 생각합니다.
경영을 하고 계시는 분들은 이미 알아차리셨는지도 모릅니다.
조직개혁을 하려면 상세한 재무 데이터가 보여야만, 지금 정말로 해야 할 일이 무엇인지 알 수 있다는 것.
분명히 당신 자신도 같습니다.

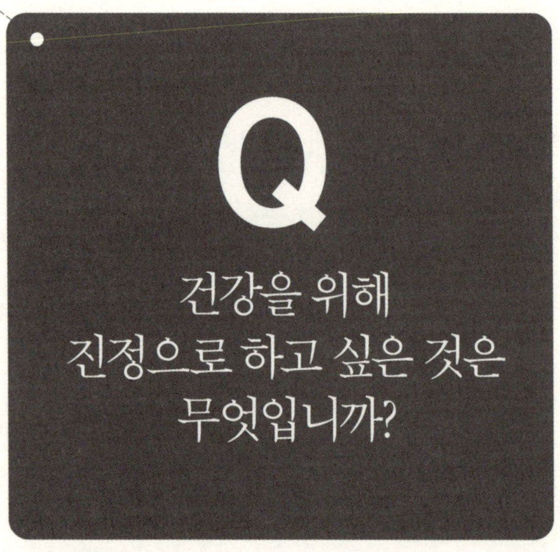

몇 가지 앞에서도 언급했듯이, 분명히 경영과 업무에 관한 코치를 한다고 하던 것이 때로는 포커스를 건강에 맞추고 이야기를 나누게 되는 경우도 있습니다.

몸에 이상이 생기면 일에도 영향을 미치기 때문에 당연히 이러한 주제도 가능한 범위 내에서 아우르게 됩니다.

그런데 제가 건강 상담의 전문가가 아닌 건 제쳐두고라도 이런 종류의 주제를 다루는 건 코치를 받는 사람에게도 쉬운 것은 아닙니다.

그것은 일과 관련된 것에 비하면 아무래도 행동의 우선순위가 떨어지기 때문입니다.

몸 상태가 조금이라도 나쁘면 우선순위가 순간적으로 올라갑니다.
하지만 건강관리는 꾸준한 노력의 축적입니다.
일단 결심을 하기는 했으나 그 다음 주에 그 이야기를 꺼내면 "아
아, 그건 요즘 갑자기 바빠져서요……"하고 말끝이 흐려집니다.
'진심'으로 할 수 있다는 것을 얼마나 분명히 하느냐가 중요합니다.

무엇을, 얼마나 지속하면, 어떤 성과를 뚜렷이 낼 수 있습니까?
장래를 강제로 판단하는 질문이기 때문에 대답하는 것이 어려울 수
도 있습니다.
하지만 그 정도의 각오 없이는 40대의 건강이라는 주제가 성과로
이어지기는 어렵기 때문입니다.
확실한 결과를 그려낼 수 있다면 의욕은 당연히 높아집니다.
이것은 첫 번째 질문에서도 다룬 목표설정의 기본입니다.
아무리 생각해도 불확실하다면 앞의 질문으로 돌아가, 어떤 지식과
노하우를 알면 예측의 확실성을 높일 수 있는지 생각해보세요.
이때 골치 아픈 건 오히려 호기심이 왕성하고 여기저기에 관심이
많은 사람입니다.

"요가도 하고 싶고 워킹에도 관심 있어요.
하지만 친구 중에 등산을 좋아하는 사람이 있어서 동호회에 들어오

지 않겠냐고 권하네요.
　어떻게 하지?"

　이것은 제 고객 부인의 이야기입니다.
　이런저런 대상으로 화제를 옮기다 보니 본래의 목적을 잊고 말았습
니다.
　취미에 관한 이야기라면 상관없으나 이번 질문에서 다루는 주제는
건강유지를 위해 무엇을 할 것인가입니다.

　가장 얻어내고 싶은 결과는 어떤 것입니까?
　여기저기 흥미가 많은 사람은 반드시 이 질문에 답해 주기 바랍
니다.
　만약에 결과보다 수단에 마음이 가는 것 같으면, 건강유지는 과제
설정으로써 적절하지 않다(당신에게는 아직 그 준비가 안 되어 있다, 또
는 지금은 필요 없다)는 것일 겁니다.

　"몸 안에서부터 상쾌한 기분이라고 말할 수 있는 상태가 되고 싶다.
그래요, 그게 목적이니까 우선 요가 학원에 가볼게요."

　이것이 부인의 대답이었습니다.
　지금은 본격적으로 배우고 있다고 합니다.

Q

건강을 위해
무엇부터
시작하겠습니까?

싫든 좋든 군소리 없이 해야 하는 일과는 달리, 건강한 몸만들기의 가장 큰 적은 동기 저하입니다.

물론 일에 있어서도 동기의 저하는 큰 적이지만 이것이 빨리도 찾아온다는 점이 누군가가 강요하지 않는 과제의 어려움이라 할 수 있습니다.

그럼 첫머리의 질문에 대한 대답은 나왔습니까?

절대로 지켜주서야 할 것은 답을 딱 하나만 말해야 한다는 것입니다.

다시 한 번 바로 전 질문에서 예로 든 부인을 떠올려보세요.

이것이 내 답이라는 확신이 아직 안 든다면 질문을 바꾸어보겠습니다.

다음 질문을 보세요.

지속할 수 있겠다는 이미지가 강한 운동은 어떤 것입니까?

축구광인 모 회사 사장의 권유로 족구를 시작한 부하가 3개월 만에 무릎을 다쳐 그만두었습니다.

운동부족 해결과 축구 열풍에 휩쓸린 결과였습니다.

그러나 지금 생각해보면 불철주야 강행군을 계속하던 그에게 주말에 하는 족구는 지속하기에는 너무 과격했습니다.

20대, 30대라면 반 취미로, 아니 그냥 취미만으로 해도 좋습니다.

하지만 몸을 잘 다루는 것이 중요한 화두가 된 40대는 건강유지를 더욱 전략적으로 생각해야 합니다.

즐기면서 할 수 있으면 좋겠지만 그와 동시에 얼마나 지속할 수 있는가가 더욱 중요합니다.

질문을 조금 더 구체적으로 하겠습니다.

당신이 운동을 지속할 수 있게끔 하는 필요 요소는 무엇입니까?

예를 들어 시간이 많이 필요 없다, 돈이 안 든다, 힘들지 않다, 성과를 측정할 수 있다, 장소와 상관없이 할 수 있다, 혼자서 할 수 있다, 사람들과 함께 할 수 있다 등등.

사람에 따라 그 요소는 얼마든지 다양합니다.

그 요소에 맞춰 다시 한 번 머릿속에 있는 아이디어를 세밀히 따져 봅시다.

그리고 지속하는 것을 전제로 시작할 일을 선택하세요.

앞으로 지속할 거라고 다짐한 것을 종이에 적은 후에 다음 질문에 답하세요.

처음 한 달 동안에 어떤 성과를 낼 것입니까?

획기적인 성과가 아니라도 좋습니다.

너무 큰 성과를 기대하는 건 실패의 원인이 됩니다.

아무리 작은 것이라도 좋으니 첫 증표가 될 만한 결과를 연상해봅 시다.

어떻습니까?

충분히 손이 닿는, 하시만 지금보디 건강한 모습의 당신이 그려졌 습니까?

당신에게 그것은 바쁜 일만큼 중요한 것은 아닐지 모릅니다.

하지만 눈앞의 우선순위와 중장기적인 우선순위를 구별하는 것도 중요합니다.

10년 후, 그때 시작하길 잘했다고 여길 수 있도록 말이죠.

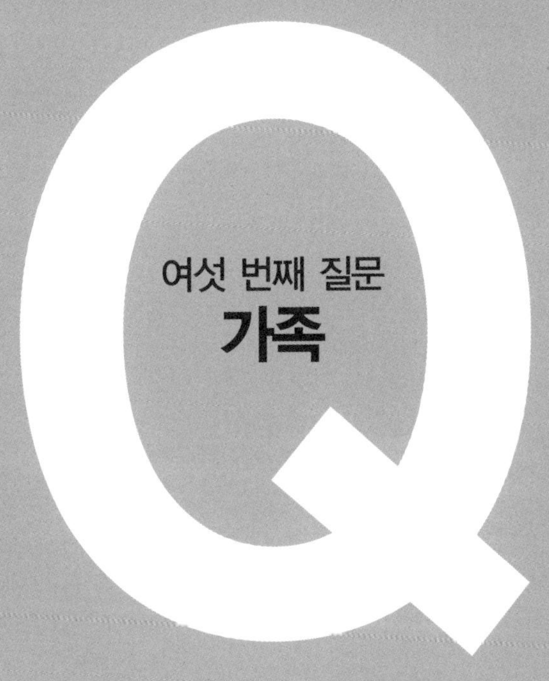

가족에게 무슨 말을 전하고 있습니까?

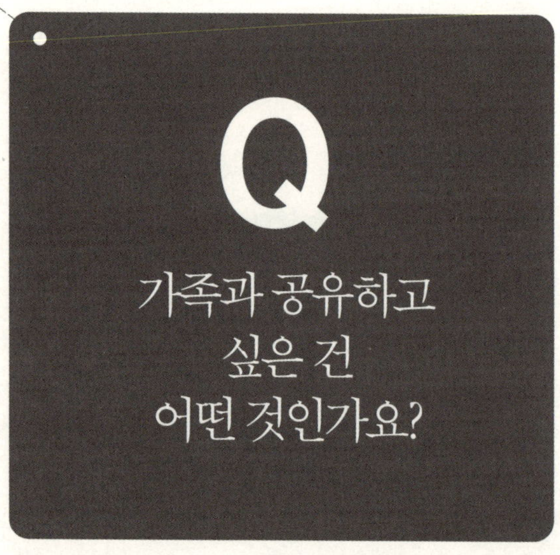

어느 경영자와 이야기를 하다 섹스리스(sexless)가 화제가 된 적이 있습니다.

애기인 즉 '아내하고는 못하겠다' 는 것이었습니다.

저는 카운슬러도 심리상담사도 아니기 때문에 그 문제 자체를 다루지는 않습니다.

단, 코치로서 이런 이야기를 하는 배경에 있는 것이 무엇인지 제대로 확인할 필요는 있습니다.

이 사람의 내부에서 보이는 것은 그와 부인이 서로 다른 방향을 보고 있다는 것이었습니다.

구체적으로 말하면 원하는 가정의 모습, 부부의 스타일이 서로 다른 것입니다.

그는 "나를 사랑해주길 원한다."는 마음이 강한 반면 부인은 "가족이라는 안정된 그릇을 유지"하는 것이 중요한 사람이었습니다.

부인과 이야기를 나눈 것이 아니기 때문에 어디까지나 그의 이야기를 통해 받은 인상에 불과합니다만.

40대 부부 중, 섹스를 하지 않는 사람은 드문 현상이 아닙니다.

그래도 부부관계는 원만하며 아무 문제가 없는 경우도 있습니다.

그러니 여러분, 아무 도움도 안 되는 잡지의 특집 기사 따위에 현혹되지 말기 바랍니다.

하지만 간과해서는 안 될 문제가 내포되어 있는 경우 역시 있습니다.

아내하고는 못하겠다고 말한 그의 경우 공유할 수 없는 가족의 모습을 다른 상대에게서 찾고 있습니다.

흔히 말하는 불륜이라고 말하면 그렇다고 할 수 있지만, 각각에게 다른 것을 추구한다고 해서 해결되지 않는 것이 근본적인 문제입니다.

애정을 다른 곳에서 메우는 일에는 항상 채워지지 않는 결핍의 감정이 따라다닙니다.

부부가 둘이 함께 있는 의미는 무엇입니까?

이것은 아이가 있는 부부들에겐 너무 가혹한 질문일는지 모릅니다.

하지만 이 점을 제대로 생각해보지 않으면 언젠가 '끝'이 옵니다.

그것은 형식적인 끝은 아닐지 모르지만 마음의 끈은 끊어집니다, 확실하게.

아이를 키우는 시기에는 성취감이 있습니다.

아이는 항상 성장하고 변화하기 때문입니다.

하지만 아이가 둥지를 떠났을 때,

당신과 파트너는 둘이서 무엇을 만들어갈 건가요?

생각해보기 바라는 건 바로 이 점입니다.

부부가 함께 만들어낼 것이 떠오르지 않는다, 또는 없다는 답도 좋습니다.

포인트는 그것이 보이는가라는 겁니다.

40대 이상인 제 고객 중에는 사회적으로 성공한 사람들이 여러 명 있습니다.

그 중에서 몇 명은 부부관계가 결코 원만하다고 할 수 없거나 이혼을 했거나 한 사람들입니다.

하지만 그것으로 인해 마음이 흐트러지거나 하지는 않습니다.

그것은 자신이 파트너에게 바라는 것이 무엇인지, 가족의 모습을 어떻게 그리고 있는지 제대로 파악하고 있기 때문입니다.

어느 남편은 그림에 그린 듯한 가족지상주의 남편으로, 주말은 가족과 함께 보내는 시간을 소중히 하고 싶다는 생각을 가지고 있습니다.

그런데 일하는 여성인 부인은 남편이 가족지상주의 아빠라는 것에 기대어 아이는 남편에게 맡기고 자기는 하고 싶은 공부를 하러 나갑니다.

그런데도 시간이 부족하다는 부인으로부터 이런 상담을 받았습니다.

"남편에게 더 많은 이해를 구하려면 어떻게 해야 하나요?"

40대는 아이도 다 자라 여성이 자신의 시간을 되찾는 시기입니다.

나의 남겨진 가능성을 추구하고 싶다, 더 성장하고 싶다, 그런 의욕에 찬 여성들이 많습니다.

부부가 그 점을 서로 이해하고 있으면 괜찮지만 실제로는 파트너의 변화에 매우 둔감한 남편이 적지 않은 것 같습니다.

부부가 서로 다른 일에 관심을 갖는 건 자연스러운 일이고, 파트너나 아이와 함께 하는 시간보다 자기만의 시간을 소중히 하고 싶을 때도 있을 겁니다.

그때 중요한 것은 무엇을 얼마나 공유하고 싶은지, 지금은 어느 정도의 상황인지 커뮤니케이션을 하는 것이 중요합니다.

파트너와 가족의 형태는 다양합니다.

그 형태에 대한 불만에 뚜껑을 덮지 말고, 쌓여 있는 것을 서로 분출할 것. 이것이 상처를 번지지 않게 하는 철칙입니다.

저는 평소 기업에서 '솔직하게 말할 수 있는 커뮤니케이션 풍토 만들기'를 주창하고 있습니다. 이것은 가족 간 커뮤니케이션에도 맞는 말입니다.

가족은 공유하고 싶은 것을 얼마나 공유하고 있다고 느끼고 있을까요?

상대 입장에서도 생각해보세요.

가족 문제라는 자칫 자신의 눈높이에서만 생각하게 되는 면이 있으니까요.

부부 사이의 일로만 생각하지 말고 아이 입장에서도 생각해봅시다.

"애들도 크면 부모하고 놀고 싶어하지 않으니까……" 하고 쉽게 포기하는 사람이 있습니다. 부모에게 못하는 말을 인터넷에 쓰고 있을지도 모르는데.

세상의 변화에는 시선이 가지만 자신의 변화는 깨닫기 힘든 법입니다.

그리고 파트너나 아이들의 변화에는 더더욱 둔감할 수도 있고요.

하지만 변화는 확실하게 이루어지고 있습니다.

서로가 변화를 거듭하는 과정에서,

지금 이 순간 그 개개인이 바라는 건 무엇일까요?

가족 전체의 변화에 대응하는 능력이 생기면,

서로를 충족시키기 위한 공유물을 더 많이 늘릴 수 있는지도 모릅니다.

가족으로 인한 결핍을 어떻게 메울 것인가 생각해봅시다.

여기서 '결핍'이라는 글자를 보았을 때 아마도 당신은 자신의 입장에서 생각했을 겁니다.

하지만 여기서 제한하고 싶은 것은, 우선 상대방의 눈높이가 되어 생각해보자는 겁니다.

파트너가 가장 공유하고 싶어하는 것은 무엇일까요?

아이가 가장 공유하고 싶어하는 것은 무엇일까요?

파트너에 대한 불만이 종종 입에서 새어나오는 고객에게 저는 대체로 이렇게 물어봅니다.

그것에 대한 부인(남편)의 생각은 어떨까요?

만약에 부인(남편)의 입장이 되어 바라보면 어떤 식으로 받아들여집니까?

이러한 질문에 대답함으로써 과연 내가 할 수 있는 것이 무엇인지 생각해보길 바라기 때문입니다.

첫 번째 질문의 '공유'란 '같은 그림을 그리며 함께 앞으로 나아간다'는 의미입니다.

그저 이쪽을 보아주지 않는다는 말만 해서는 아무 진전도 기대할 수 없습니다.

만약에 가족과의 관계에 어떤 문제가 있다면 잠깐 해볼 실험이 있습니다.

우선 '가족에 대한 불만'을 있는 그대로 솔직하게 말하세요.

가능하면 남의 이야기를 잘 들어주는 사람에게 들어달라고 합시다.

적임자가 없다면 종이에 적어보는 것도 괜찮습니다.

그 다음, 똑같은 '가족에 대한 불만'에 대하여 이번엔 모두 '내 잘못이야'라는 입장에서 이야기하거나 종이에 적는 겁니다.

예를 들어, 처음에는 "아내가 내 이야기를 안 들어주니까 자꾸만 집에 오는 길에 술집에 들르는 일이 많아지는 거야."라고 말했다고 합니다.

이 사실을 반대 입장에서 다시 생각해보면 "내가 부정적인 말만 자꾸 하니까 아내가 지겨워져서 더 이상 귀기울이지 않게 된 거야."라고 말하게 될지도 모릅니다.

이처럼 가족 안에서 피해자인 나를 가해자로 바꾸어놓고 생각해보는 겁니다.

자신이 할 수 있는 것이 보이면, 더욱 바람직한 가족의 그림을 그릴 수 있는 계기를 잡은 것과 같습니다.

조심해야 할 것은 '공유'를 너무 어렵게 생각해서는 안 된다는 것입니다.

예를 들어, 서로에 대해 너무 많은 기대를 하지 않을 것. 그런 사고방식을 공유하는 것도 새로운 관계를 쌓는데 도움이 될 것입니다.

물어야 할 것은 정해진 애정의 모습은 아니라고 생각합니다.

백 쌍이 있으면 백 가지 형태의 바람직한 형태가 있듯이, 부부가 함께 자신들만의 형태를 찾았는지 여부가 중요한 것입니다.

이런 식으로 사랑하면 잘 될 거야 등의 매뉴얼은 어디를 찾아도 없습니다.

흔히들 부부관계를 두고 '공기 같은 존재'라고 말합니다.

당신은 이 말을 어떻게 생각하세요?

저도 십수 년 동안 부부생활을 하고 있기 때문에 감각적으로 납득이 가는 말이기도 합니다. 하지만 정말로 그것으로 괜찮은 건가라는 생각이 문득 들 때가 있습니다.

파트너는 당신에게서 무슨 말을 듣고 싶어할까요?

앞의 질문은 뒤집어보면 이런 질문이 됩니다.

"가끔은 저의 일 얘기도 들어줬으면 하는 바람이 있죠. 하지만 무슨 말을 해도 딴청이에요. 금세 얘기를 다른 쪽으로 몰고 가서는 동네 소문 같은 걸 꺼내죠. 솔직히 말해서 아내와 대화를 나눈다는 건 생각만 해도 끔찍해요."

부인과의 커뮤니케이션에 대해 작은 회사를 경영하고 있는 A씨는 이렇게 말했습니다.

"부인은 당신이 어떤 이야기를 꺼냈을 때 동조하나요? 그런 경험은 없습니까?"

제가 이렇게 물어보자 A씨가 대답했습니다.

"예를 들어 주택으로 이사를 갈까 같은 얘기를 꺼낼 때면 갑자기 눈빛이 반짝거려요. 몸을 앞으로 내밀면서 말이죠. 그밖에는 아이들 교육 얘기죠. 한마디로 말해서 저한테는 관심이 없는 거예요."

그렇게 말하는 A씨 역시 이야기에서 부인에 대한 따뜻한 감정은 묻어나지 않았습니다.

A씨는 사람들과의 교류가 많아서 주말에도 집을 비우는 경우가 많은 사람입니다. 일이 순조로운가 하면 꼭 그런 것도 아닙니다.

어느 회사의 월급쟁이 사장으로 고용되었는데 그게 잘 안 되어 새로 자신의 회사를 설립하고 이곳저곳에서 새로운 사업이 될 만한 일을 찾고 있습니다.

A씨의 부하였던 여성이 문득 제게 흘린 말을 잊을 수가 없습니다.

"사모님 참 힘들 거예요."

A씨 부인이 이사를 간다거나 아이들 교육 얘기에 관심을 기울이는 배경에는 A씨에 대한 불안감이 도사리고 있다고 생각합니다.

그녀가 듣고 싶은 건 그저 새 집을 사는 계획이 아니라 일기를 이끄는 리더로서의 확고한 믿음이 아닐까 상상해봅니다.

파트너가 표명하는,

혹은 파트너에게 느끼는 '불만'의 배경에는

당신의 어떤 과제가 있을 거라고 생각합니까?

파트너와의 커뮤니케이션에서 알력을 느끼고 있는 사람은 꼭 한번 이 문제를 생각해보기 바랍니다.

중요한 것은 상대로부터 전달되는 불만을 어떻게 해서 전진을 위한 과제로 바꿀 것인가입니다.

그렇게 하기 위해서는 당신이 먼저 적극적으로 상대방이 품고 있는 불만을 밖으로 끄집어내는 것은 어떨까요?

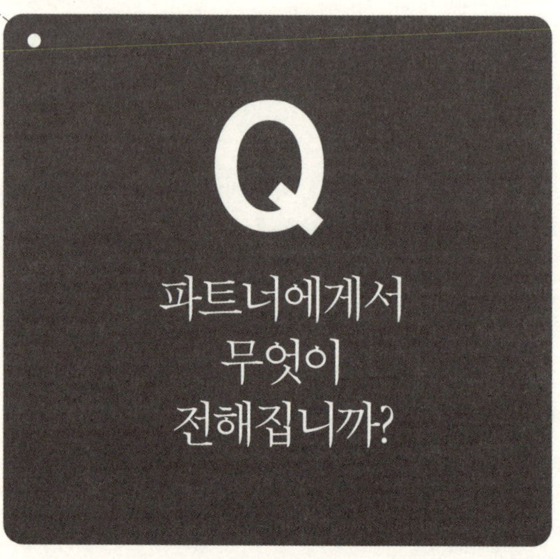

팽팽히 맞선 분위기에서는 그 장소의 분위기를 파악하는데 민감해집니다. 하지만 익숙한 관계가 되면 그렇게까지 안테나를 세우는 사람은 줄어듭니다.

특히 '공기 같은' 부부의 경우 맛있다거나, 맛없다거나 아무 것도 느끼려 하지 않는 그저 공기가 있을 뿐입니다.

하지만 그런 공기도 사실은 항상 온도와 습기가 변합니다.

먼지가 날리고 있을 때가 있는가 하면 밖에서 새로운 공기가 흘러 들어오는 경우도 있습니다.

계속 똑같은 상태로 있는다는 건 있을 수 없는 일입니다.

그러므로 부부라는 공기를 아주 조금만 읽어봅시다.

오늘 밤 공기는 어땠는지. 파트너에 대한 센서를 민감하게 발동해보세요.

당신이 센서를 갖추었다는 가정하에 더 구체적인 질문을 하겠습니다.

파트너의 말 중에서 마음에 걸린 키워드는 무엇입니까?

실제로 커뮤니케이션을 한 다음에 생각해보세요.

혹은 이 키워드를 의식하면서 이야기를 나누는 것도 좋습니다.

파트너의 눈에서 무엇이 느껴집니까?

정면을 응시하는 시선,

불안정하게 움직이는 시선,

빛나는 눈,

가라앉은 눈.

말로는 표현되지 않는 저 깊은 곳의 메시지를 얼마나 알아차릴 수 있었습니까?

파트너의 행동에서 어떤 느낌을 받았습니까?

당신과의 거리,

앉아 있는 위치,

말투나 목소리 톤,

움직이는 속도와 활력.

그것들 하나하나가 메시지임을 잊지 마세요.

실은 말보다 훨씬 많은 정보를 그러한 동작과 모습에서 얻을 수 있습니다.

들었으면 그리고, 느꼈으면 그것을 감지했다고 표현하세요.

고개를 끄덕인다, 대답을 한다, 어깨를 안는다, 손을 잡는다, 그냥 함께 같은 기분을 느낀다⋯⋯. 할 수 있는 것, 방법은 다양합니다.

중요한 것은 모양이 아니라 상대에게 '받아주었다'는 것을 실감하게 하는 것입니다.

지금까지 얼마나 받아주었습니까?

그것을 표현했습니까?

'공기'에 익숙해진 40대에게는 꽤 잔인한 질문일지도 모릅니다.

하지만 그렇기 때문에 더욱 개선의 여지는 크다고 생각합니다.

그렇다고 갑자기 더블 침대로 돌아가지 않아도(계속 그래왔다면 아무 문제없겠지만요), 10년 만에 '사랑해'라고 말하지 않아도 자연스럽게 할 수 있는 것은 얼마든지 있다고 생각합니다.

보다 좋은 관계를 이루고자 하는 의지만 있다면.

Q

파트너에게
요구하고 싶은 것은
무엇입니까?

상대방만 생각해줘야 하다니 이번 질문은 좀 답답한데……

이 질문의 페이지를 넘기면서 그렇게 느끼신 당신.

무조건 참으라고 할 생각은 전혀 없습니다.

역설적으로, 사이가 좋은 부부일수록 싸움도 많이 합니다.

물론 싸우지 않고 사이가 좋은 부부도 있지요.

요는 어떤 말이든 할 수 있는 관계야말로 건전하다는 것입니다.

회사조직을 예로 들어 생각해봅시다.

히트 상품의 탄생 비화 등을 취재하다 보면 꼭 나오는 것이 도중에 있었던 열띤 논쟁, 과격한 토론 등의 이야기입니다.

가족이라는 최소단위의 조직에서도 하고 싶은 말을 솔직하게 말할 수 있는 풍토가 중요합니다. 그것이 단 하나뿐인 행복이라는 상품을 만들어내기 위한 없어서는 안 될 요소라고 생각합니다.

제가 아는 어떤 사람의 이야기를 소개하겠습니다.

회사에서 귀가를 하면 새로 장만한 집의 옥탑방에 들어가 나오지 않는 남편이 있습니다. 교육열이 대단한 부인은 가계와 아이들의 생활을 엄격하게 관리하고 있습니다.

예전부터 남편은 "건들지 않는 게 상책이다."가 신념인지 집에서는 방관자를 자처하고 있습니다.

부인은 어떤가 하면 일해서 월급만 타오면 그걸로 당신이 할 일은 다 한 거라는 태도를 노골적으로 드러내고 있습니다.

제가 보기에 이 둘은 서로 파트너로서 서로에 대한 요구사항을 포기한 부부입니다. 사실 이건 저희 동네 사람의 이야기라 쓰면서 점점 불안해지는데요.

그러나 어쩌면 당신 주위에도, 아니 혹시 당신도……?

부부관계를 파탄으로 몰아가지 않기 위해서라도 부부간에 거리를 두는 것도 하나의 지혜일 수 있습니다.

그러나 단 하나뿐인 행복은 그렇게 해서는 실현되지 않을 것 같습니다.

과거에는 무엇을 요구했습니까?

지금은 포기했다면, 포기하기 전에는 어땠는지 떠올려보면 분명히 알 수 있을 겁니다.

같은 맥락에서 하나 더 질문하겠습니다.

당신은 과거에 파트너에게 무엇을 기대했었습니까?

20대 무렵의 마음을 모조리 지금 상황에 갖다 대라는 것은 아닙니다. 단지 그 시절을 떠올려봄으로써 지금 새삼 요구하고 싶어지는 것을 깨닫게 되는 경우도 있습니다.

할 수 있다, 없다는 요구해보지 않고는 알 수 없습니다.

포기해버리는 게 속편하다는 의식이 중년 이혼을 부추기는 요인이라고 생각합니다.

서로 상대방에 대한 요구 사항이 없어진 부부가 함께 있을 수 있는 선 사식이라는 파이프가 있기 때문입니다. 그것이 사라졌을 때 서로에게 기대하는 것이 없는 두 사람이 함께 걸어갈 길을 찾는 건 매우 어려워집니다.

당신이 미래를 향해,

두 사람을 위해 추구하고자 하는 건 무엇입니까?

한번 묵은 때를 씻어낸다는 심정으로 서로의 요구 사항을 펼쳐보는 것도 좋을지 모릅니다.

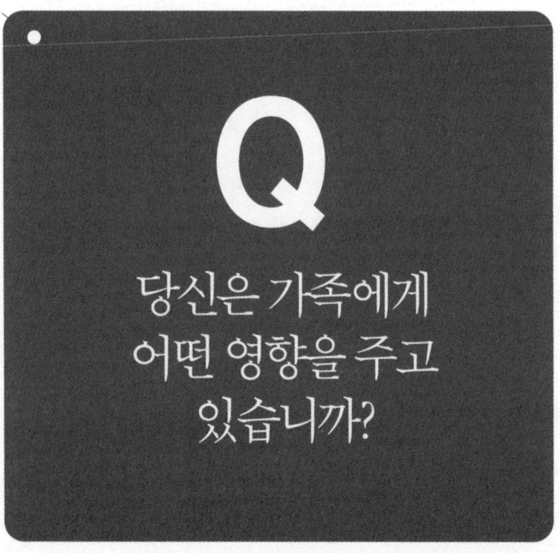

영향 따윈 주지 않아도 된다고 생각하는 사람도 있을 겁니다.
하지만 자신도 모르게 영향을 주고 있는 경우도 있습니다.
반대로 당신 역시 영향을 받고 있을 겁니다.
상호작용이 좋은 것이라면 단 하나의 행복을 위한 힘이 될 것이고,
나쁜 것이라면 발목을 잡을 겁니다.

한 고객이 저를 집으로 초대한 적이 있습니다.
이 K씨는 회사에서는 전형적인 독불장군 스타일의 사장으로 총 10

명 정도 되는 부하들을 강하게 이끌고 있습니다.

부인과 그렇게 나쁜 관계는 아니지만 왠지 눈치를 보고 있는 듯한 느낌을 받았습니다.

"K씨, 왠지 회사에 있을 때하고 분위기가 다르시네요."라고 제가 말하자 K씨는 수줍어하며 이렇게 말했습니다.

"하하하. 그렇죠. 이렇게 집에 있는 시간이 별로 없다 보니, 왠지 제 자신도 어색해요. 오히려 회사가 집인 것 같고……"

외동딸을 애지중지하는 모습은 실례지만 너무 도가 지난 친 느낌마저 들어서, 저렇게 오냐오냐하면 나중에 별로 안 좋은 거 아닐까? 하고 집으로 돌아가는 길에 제 아내와 얘기했습니다.

하지만 그 시간은 고객의 총체적인 균형을 알 수 있는 귀중한 경험이었습니다.

여기서 맨 앞의 질문을 하겠습니다.

남편(부인)으로서의 당신의 방식은 가족들에게 어떻게 작용하고 있습니까? 라는 질문입니다.

K씨의 경우 사업에 투자하는 열정에 비해 단 하나뿐인 가족의 행복 꾸리기에는 그다지 열정을 느낄 수가 없었습니다.

잠시 잠깐의 휴식을 적당히 즐기고 있는 인상이었습니다.

그것이 단 하나뿐인 행복일 수도 있으나 그런 관계에서 그 딸아이는 어떤 영향을 받으며 성장할까요?

"아무 영향도 안 주고 있는 것이 문제인지도" ― 이것이 첫 질문에 대한 K씨의 대답이었습니다.

존재감이 희박하다는 것을 자각한 발언인데, 희박한 것도 그 나름의 영향력을 행사합니다.

가족과 어떤 관계를 맺는 것이 당신의 이상입니까?

당신이 목표로 하는 가족의 상관도를 그려보세요.

원형·사각형·삼각형 등 다양한 모양이 있을 수 있습니다.

그 중에서 당신은 어떤 위치에 있으며, 누구에게 어떤 힘을 행사하고 있는지 생각해보세요.

가족의 실제 모습은 어떤 관계를 형성하고 있습니까?

이번에는 사실적인 지금 현재의 관계를 그림으로 그려보세요.

이상과 현실 사이의 차이는 어느 정도일까요?

현실을 이상으로 바꾸기 위해 우선 당신이 해야 할 일은 무엇입니까?

모든 변혁의 그 첫발은 다른 사람이 아닌,

환경도 아닌 오로지 '나 자신'의 새로운 한 발입니다.

Q

가족에게
어떤 영향을 주고
싶습니까?

여기서는 제 이야기를 하겠습니다.

이 글을 쓰고 있는 와중에 실은, 새로운 사무실로 이전할 준비에 쫓기고 있습니다.

이 책이 출간될 즈음에는 그 새로운 사무실도 체제가 어느 정도 정돈되어 쾌적하게 일을 하고 있을 거라 생각합니다.

새 사무실은 지금보다 조금 넓은, 신축 오피스텔의 13층입니다.

역에서 지근거리에 있는 삼성동의 비즈니스 지역입니다.

코치, 그리고 글을 쓰는 직업이라는 점을 감안하면 그다지 편리한 곳이 아니어도 되고, 넓은 장소도 필요 없습니다.

집에서 일해도 됩니다.

하지만 저는 앞으로 점점 성장할 아들과 딸에게 줄 영향을 항상 생각하지 않을 수 없습니다.

"이 이해하기 어려운 직업을 저 녀석들에게 어떻게 전달하는 게 좋을까?"

"아버지의 등을 어떻게 보여주는 것이 좋을까?"

이것이 최근 1, 2년 동안 제 자신에게 던진 질문입니다.

작업장이 집에서 가까운 곳에 있긴 했지만 이제까지 사용했던 공간은 너무나 어수선해서 분별력이 생기기 시작한 아이들에게 적극적으로 보여주고 싶은 장소는 아니라는 생각이 들었습니다.

아내는 제 일을 이해하지만 아이들도 반드시 그런 건 아니니까요.

아마도 저는 나쁜 의미의 영향을 줄까 두려워, 좋은 의미의 영향을 적극적으로 주고 싶어하는 겁니다.

주고 싶은 건 긍지를 가지고 일을 하는 것의 가치, 아버지의 살아가는 모습이랄까요.

이미 완성된 것이 아니라, 그렇게 할 수 있도록 시작하자는 낮은 차원의 이야기임을 솔직히 덧붙이겠습니다.

당신은 아이에게 어떤 영향을 남길 가능성이 있습니까?

"그다지 잘난 것이 없는데. 없어요, 정말로……." 하고 어깨를 움츠

린 상대가 있었습니다.

왜 이리 겸손한 걸까요?

하지만 그래서야 겸손히 지나쳐 아이가 잘못되고 맙니다.

누구에게나 충분한 가능성이 있다, 이런 전제를 가지고 생각해야 됩니다.

당장 떠올리지 않는다면 억지로라도 좋으니 하나 정도는 답을 만들어보세요.

사고방식, 지식과 기술, 평소의 행동, 강인한 육체와 정신, 예의범절, 특정한 어떤 것에 대한 애착, 한없이 깊은 애정…….

무엇이든 좋고, 무엇이든 영향을 주는 요소가 된다고 생각합니다.

가족 행복의 모양이 최고가 아니라 단 하나뿐인 것처럼 훌륭한 남편(아내), 훌륭한 아버지(어머니)를 특정짓는 답 같은 것 없다고 생각합니다.

아이가 원하는 건 교과서적인 아버지(어머니) 상이 아닙니다.

당신도 부모의 결점을 통해 배운 무언가가 있지 않습니까?

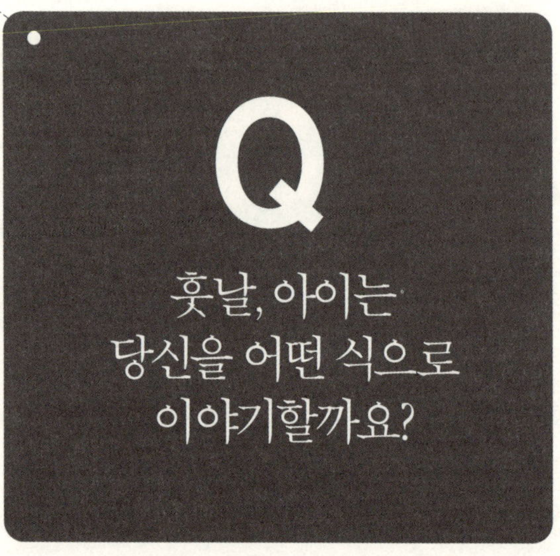

위의 질문을 머리에 두고 떠올려보세요.

당신은 자신의 부모를 어떤 식으로 말하나요?

어린 시절을 떠올리며 부모에 대한 이야기를 하고 있는 모습을 상상해보세요.

인간은 아무리 발버둥쳐도 부모의 영향을 받으며 성장합니다.

부모가 없으면 그 없음에서 영향을 받습니다.

부모에 대한 이야기를 하는 당신은 마냥 방관자일 수 없습니다.

그 말투, 느낌, 감정의 표현, 그 모든 것 하나하나가 부모로부터 받은 영향입니다.

만약 당신의 아이가 지금 이대로 성장했을 때, 어른이 된 아이는 당신을 어떻게 돌이켜볼까요?

희망을 섞지 말고, 아이의 시점에서 말해보세요.

그리고 그 말의 배경에 있는, 당신이 수십 년 동안 준 영향이라는 것이 무엇인지 생각해보십시오.

솔직히 말해서 아이들이 당신을 어떤 식으로 말해주길 바라나요?

다음 시점은, 당신이 원하는 모습과 관계로 넘어갑시다.

누구나 이런 말을 들으면 기분이 좋다고 느끼는 포인트가 있을 겁니다.

당신의 어떤 모습을, 당신과 아이들의 어떤 교류를 추억해주면 기쁠 것 같습니까?

"이제 중학생이라 부모하고는 얘기도 안 하려고 해요. 반성하는 부분이야 많지만, 어떤 식으로 얘기해주길 바라냐고 물어봐도 이제 와서. 돌이킬 수 없네요."

어떤 사람이 어깨를 수그리며 쓸쓸하게 한 말입니다.

지금부터라도 돌이킬 수 있는 건 어떤 일입니까?

아이와 대화가 단절된 분이 계시다면 이 점을 생각해보십시오.

어린 아이일 때 해주고 싶었던 것을 이제 다 커버린 아이에게 해줄 수는 없습니다.

하지만 지금이기 때문에 할 수 있는 것도 있지 않을까요?

"만약에 돌이킬 수 있다면, 사회의 냉정함이나 아버지가 발버둥치고 있는 현실을 솔직하게 보여주는 것 정도겠죠."

이것이 앞에서 어깨를 수그리며 대답했던 사람의 답이었습니다.

저는 직감적으로 동의하고 "바로 그거예요!" 하고는 무릎을 쳤습니다.

멋있는 모습, 훌륭한 태도를 보여주지 않아도 된다고 생각합니다.

맨몸으로 부딪힐 수 있는 나이가 되면, 때로는 힘겹게 싸우고 있는 모습을 드러내는 것도 좋지 않을까요?

가장 큰 문제는 실제적인 존재로서의 부모가 그 자리에 없다는 것입니다.

그저 가족이라는 틀 속에서 표면적인 역할만 하고 끝내는 것이야말로 문제입니다.

그래서 마지막으로 딱 하나 이런 생각을 해봅시다.

딱 하나, 당신의 실패를 이야기한다면 어떤 이야기를 해주겠습니까?

Q

더 좋은 아버지(어머니)가
된다면 어떻게
바뀌고 싶습니까?

애당초 당신의 '부모'로서의 최우선순위는 어떻습니까?

한 아이의 '부모'임을 얼마나 의식하고 있습니까?

부모든 남편(아내)이든, 사장이든 부장이든 과장이든 그 역할에 대한 의식이 높을수록 목표도 뚜렷해지는 것이 보통입니다.

이것은 기업조직에서 코치를 하다 보면 절실히 통감하게 됩니다.

자신의 역할에 대해 얼마나 납득하고 있는지, 그것이 목표 설정과 일에 대한 책임감에 강한 영향을 줍니다.

그래서, 우선 당신이 자신이 부모라는 사실을 어떻게 받아들이고 있는지 다시 한 번 생각하는 것부터 시작합시다.

　나는 ○○○인 부모다.

　이 ○○○에 들어갈 말을 생각해보고 스스로 표현해보세요.

　처음에는 일단 사실적으로, '지금 이렇다'를 표현할 수 있는 말을
생각나는 대로 모두 말해보세요.

　그렇게 했으면 이번에는 앞으로 이렇게 되겠다는 목표를 뜻하는 말
을 넣어주세요.

　현실과 이상의 모습을 적어도 10개씩 적어야 합니다.

　일과 비교해 보면 어떤 차이가 있습니까?

　이상과 현실 차이의 크기는 어느 정도나 되는 것 같습니까?

　부모로서의 책임을 다할 의사가 강하면 강할수록 여기서 드러난 차
이는 건설적인 과제물이 될 것입니다.

　하지만 자신이 그린 이상을 사실은 실현시키고 싶지 않다고 생각하
는 사람도 있을 것입니다.

　그렇게까지 부모로서의 역할에 충실하고 싶지는 않다, 이것이 본심
이라고 해서 숨길 필요는 없습니다.

　단, 실제로 부모인 이상 그 책임을 회피할 수는 없습니다.

　그 점이 사직서를 제출할 수 있는 회사와 차이입니다.

　지금의 당신의 모습을 아이에게 전하고,

가장 좋은 관계를 만들기 위해 할 수 있는 것은 무엇일까요?

부모로서 성장하는 것은 생각하기도 싫은 고통이라면, 우선 이렇게 생각해보는 건 어떻습니까?

여기서 말하는 '좋은 관계'란, 지금보다 많이 서로를 이해할 수 있는 관계, 아이가 성장할 수 있는 관계, 서로의 차이를 인정할 수 있는 관계라는 뜻입니다.

함께 지내는 시간, 가르쳐줄 수 있는 것들 등 부모로서의 자신의 한계를 솔직히 전한 다음, 서로 어떻게 관계를 맺을 수 있는지 생각하기, 성인이 되기 위한 계단을 이제 막 오르기 시작한 아이에게는 그런 관계도 생각해볼 수 있습니다.

하지도 못하면서 좋은 부모이고 싶다고 억지로 발버둥치는 것보다는, 할 수 없는 것을 명확하게 밝히고 아이에게 협력을 구하는 편이 더 질되는 경우가 많습니다.

일과 양육을 양립하고 있다고 보이는 슈퍼우먼 중에는 이것을 실행에 옮긴 사람이 꽤 많은 것이 사실입니다.

그러면 여기서 마지막으로 확인사살용 질문으로 마치겠습니다.

아이에게 '나는 못한다'고 분명하게 말하고 싶은 것은 무엇입니까?

베스트셀러가 된 《더 골(the goal)》이라는 책이 있습니다.

기업 활동의 궁극적인 목적 — 즉 '골' 이란 무엇인가, 이것이 그 주제입니다.

이 책에 따르면 '현재에서 미래까지 계속 돈을 벌 것' 이라고 합니다.

이것을 '가족의 골' 로 설정을 바꾸어 잠시 생각해봅시다.

당신에게 있어서 가족의 궁극적인 목적은 무엇입니까?

앞의 질문과 의도는 같습니다. 가족이라는 조직을 구성하고 유지하는 것의 의미를 다시 한 번 생각해보고 싶은 겁니다.

《더 골》에 씌어 있는 기업의 궁극적인 목표에 빗대어 저는 이렇게 정리해보았습니다.

현재부터 미래에 걸쳐 계속 행복할 것.

만약 가족의 목적이 그것이라면 기업의 목직이 계속해서 돈을 버는 것이라는 점과 자연스럽게 연결되는 것 같지 않습니까?

가장 중요한 것이 있기에 비로소 행복하다고 하지 않습니까.

그러니 제아무리 연봉 1억원 시대를 용인해도 말입니다.

그런데 골이라는 말은 통상, 기업 등 외부 조직에는 어울리지만 가족이라는 최소단위 조직에 쓰기에는 영 어색합니다.

그건 밖에서는 각각의 공통 목적을 향해 앞으로 나아가거나, 혹은 나아갈 수밖에 없지만, 가족은 그것을 인정하는 경우가 드물기 때문입니다.

사명이라든가 과제·목적 등의 말이 집 안에서 오고가는 일은 없습니다.

굳이 그런 말들이 오고갈 필요는 없지만 '우리는 왜 가족인가?'에 대해 때로는 생각해보는 것도 중요하다고 생각합니다.

만약 사회적 책임이라든가 세상의 눈이라든가 법률이나 육아 문제 등이 모두 없다면 — 이라고 가정하고 다음 질문에 답하세요.

가족을 해산한다면 어떤 좋은 일이 있을까요?

먹여 살려야 할 압박에서 벗어나 편안할까요?

돈을 마음대로 쓸 수 있고, 시간도 자유로워지고, 좋아하는 다른 여자(남자)와 사귈 수 있다.

이렇게 되면 현재의 가족은 그저 얽매임에 불과한가요?

물론 그건 아닐 겁니다.

본심의 부문에 숨어 있는 '(해방되어) 좋은 것'의 한편에는 당신만의 답 — 가족의 궁극적인 목적이란, 이 숨어 있는 건 아닐는지요. 지금 이대로는 그것을 달성할 수 없다.

아니면 목적에서 벗어나 버렸다는 것을 깨닫게 될지도 모릅니다.

그것은 그것대로 앞날을 생각하는 귀중한 자료가 될 것입니다.

가족의 유대가 깊어지면 어떤 좋은 일이 있습니까?

외부 세계에서 지니는 목적의식의 절반이라도 좋으니 가족이라는 단위의 성장에 대해 생각해보는 것은 어떨까요?

궁극적인 골은 돈이 아닌 행복이니까요.

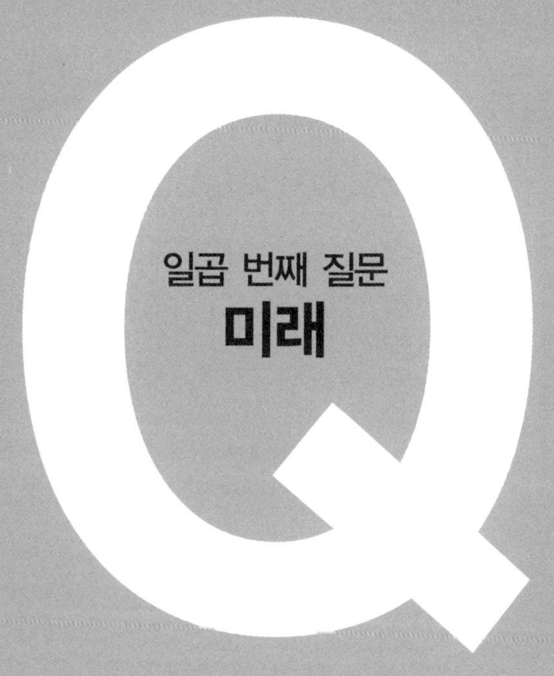

무엇을 선택하겠습니까?

Q

만약 다른 삶을
살 수 있다면 어떤 직업을
선택하겠습니까?

《갈매기의 꿈》을 쓴 리처드 바크의 소설 중에 《ONE》이라는 작품이 있습니다.

이 세상과 동시 진행하고 있는 다른 세계를 주인공이 차원이동 여행을 하면서 '다른 세계에 있는 나'를 만나는 여행 이야기입니다.

10년 전 그 문제에 다른 결단을 내린 내가 그곳에 있다.

오년 전, 그녀와의 결혼을 포기한 나는 지금 저렇게 살고 있다…….

이런 식으로 지금의 내가 아닌, 하지만 똑같은 내가 여러 명 있고,

수많은 세계가 동시에 돌아가고 있다. 그런 이야기입니다.

마흔이 넘는 나이가 되면 누구나 자신이 깔아온 레일을 자각하고 있습니다.

이 길을 앞으로 어떻게 걸어갈 것인가,

당신도 그런 생각을 하고 있는 건 아닌가요?

하지만 만약에 답을 찾을 수 없는 고민이나 문제에 직면했을 땐,

전혀 다른 길을 걷고 있는 나를 상상해보는 건 어떨까요?

옛날에 살짝 마음에 두고 있었던 그 일을 선택했었더라면 지금쯤 어떻게 되어 있었을까?

이렇게 과거에서 시작하는 것도 좋습니다.

그림을 그려보는 세계에 조금 익숙해진 것 같으면 미래에 대해 생각해보는 겁니다.

이 레일이 두 갈래로 갈라져 있어서 앞으로는 그 옆길로 샐 거라면, 그곳에는 어떤 미래의 경치가 보입니까?

옆길로 샌다고 하면 왠지 잘못된 것만 같습니다.

그렇기 때문에 더더욱 이런 표현을 써서 자기 자신에게 물어보면 강렬한 느낌을 받게 됩니다.

'뭘 해도 잘 안 되면 차라리 옆길로 새버려' 라는 식으로 말입니다.

그렇게 함으로써 그동안 경직되어 있던 시선이 다른 방향으로 움직이고, 뇌의 뚜껑이 열려 아이디어가 넘쳐흐를 때도 있습니다.

《ONE》은 선로의 여러 갈래 지선처럼 중간에 갈라진 또는 갈라지는 여러 개의 나를, 거미줄처럼 얽히고 설킨 인생 모양으로 그리고 있습니다.

지금 직면하고 있는 문제에 당신은 어떤 결단을 내릴 겁니다. 그때, 만약 다른 선택을 한다면…….

인생의 레일은 일직선이 아닌, 다양한 내가 다양한 삶의 방식을 선택하고 각각의 인생을 살아가는 옴니버스라고 한다면, 고속철도나 고속도로를 중간에 빠져나오는 것도 나쁜 것만은 아닐는지도 모릅니다.

커리어업이라는 말이 있는데, 직함상의 커리어업 같은 걸 바랄 수 있는 사람은 이제 얼마 안 됩니다.

자리가 없어지고 있기에 어쩔 수 없는 노릇입니다.

커리어다운 해도 만족할 수 있는 삶이란 어떤 삶입니까?

때로는 훌쩍 여행이라도 떠나는 심정으로 그런 식으로 생각해보는 건 어떨까요?

196

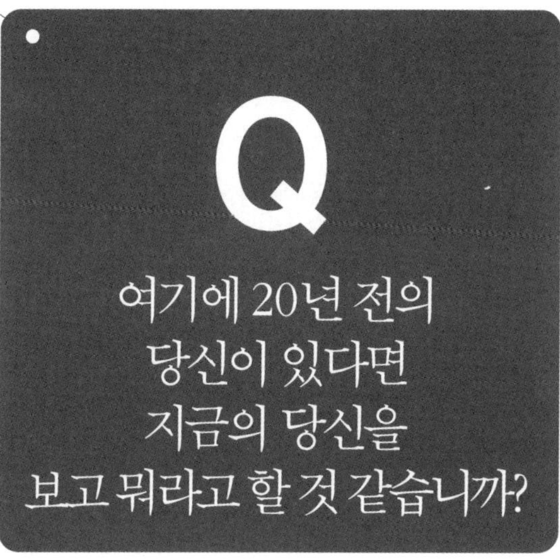

　미래를 생각할 때 그 사고의 바탕에 깔려 있는 건 당연히 현재의 나입니다. 그런데 지금에 너무 빠져 있는 상태에서 지금을 냉정하게 보기는 어렵습니다.

　자기 자신에 대한 과소평가나 과대평가, 회사라는 조직 내에서 심어진 가치관과 사고·행동 유형 따위가 미래를 왜곡시켜 보게 하는 원인이 됩니다.

　코치로서 기업의 매니저 층과 접하다 보면 자신감을 잃은 사람의 모습이 눈에 띕니다.

지금까지의 방식이 통하지 않게 되고, 젊은 사람들과 가치관이 안 맞으며 새로운 지식이나 기술을 습득할 여력이 없다, 어떻게 해야 할지 모르겠다 등 그런 모습이 눈앞에 떠오릅니다.

이 사람 낙심하고 있군.

자기 자신을 너무 부정적으로 보고 있는데, 자신에 대해 낮게 평가하고 있구나.

그런 느낌이 들 때 맨 앞의 질문에 의문을 던질 때가 있습니다.

물론 얼마나 한심한 인간인지 그 부족함을 실황중계하기 위해서가 아닙니다.

달성해낸 일, 일하는 사람으로서 꽃을 피운 모습을 다시 한 번 바라보기 위함입니다.

과거에서 지금을 억지로 추켜세울 필요는 없습니다.

정말로 20년 전으로 돌아가 지금을 보게 된다면 의외의 상황들이 무수히 눈에 들어올 겁니다.

그 놀라움 중에는 틀림없이 긍정적인 측면도 있습니다.

아직 아무 것도 모르는 스무 살의 당신은 쓰고 단 것을 가릴 줄 아는 당신을 어떻게 바라볼까요?

시간을 조금 들여 이 작업을 해보면 지금의 당신을 이해할 수 있는 시점이 늘어날 것입니다. 그리고 20년 동안의 궤적을 향해 '그만하면 괜찮은데' 라고 생각할 수 있다면 미래를 향한 문이 열릴 것입니다.

20년 전의 당신이 지금의 당신을 보면 앞으로 어떻게 살아가길 바랄까요'?

지금의 당신에게 미래를 이야기하라고 하면 어떻게 지킬 것인가,

얼마나 실패하지 않을 것인가를 생각합니다.

두려움을 모르는 무책임한 20년 전의 당신은 도전자의 시점에서 미래를 이야기합니다.

지금보다 자유롭게, 유연하게 미래의 희망을 이야기할 수 있습니다.

여기에 답이 있는 것이 아니라 답을 찾는 힌트가 있습니다.

미래를 미래에서 찾는 것보다 과거와 지금 현재에서 끌어내는 것이 쉽습니다. 거기엔 뚜렷한 삶의 증거가 있기 때문입니다.

어린아이 적 나로, 또는 취직하기 1년 전의 나로 시간의 축을 뒤로 돌려 그 시간으로 돌아가는 겁니다.

초등학교 6학년인 당신은 현재의 당신에게 어떤 충고를 할까요?

나는 이렇다고 단정짓고 있는 '나' 라는 존재가 얼마나 미지수이고 변화무쌍한, 예측 불가능한 생명체인가를 알게 되어 재미있습니다.

Q

취직한 이래
지금까지 손에 쥔 돈 이외의
재산은 무엇입니까?

저도 그렇지만 거의 대부분의 사람들은 가장 야심찼을 때 그려본 것만큼 돈을 못 벌었구나 라는 생각을 하고 있는 건 아닐까요?

애초에 야심 같은 건 키운 적도 없다고 하는 사람도 돈이 뜻대로 모이지 않는다, 부족하다는 느낌은 가지고 있을 겁니다.

멋대로 생각하지 말라고 화내지 마세요.

돈에 불만 없는 사람은 더 풍족해질 것을 부디 함께 생각해주세요.

자, 난데없는 질문 하나 하겠습니다.

재산이란 무엇입니까?

보통 저축, 은행통장이나 부동산 등 돈과 돈으로 바꿀 수 있는 자산을 떠올립니다.

하지만 회사의 경영자원이 오로지 돈뿐이 아닌 것처럼 인생을 앞으로 이끄는 자원도 돈이 다가 아닙니다.

흔히 금메달로는 먹고 살 수 없다고 아마추어 운동선수들의 현재 상황을 말합니다.

분명 '금메달＝돈'은 아닙니다.

하지만 그와는 따로 그 후를 보고 있으면 메달을 획득하는 과정에서 얻은 것을 잘 활용하는 사람과 그렇지 않은 사람이 있습니다.

금메달은 돈이 안 된다는 말은, 잘 운용하지 않으면 앞으로 나아가지 않는다는 당연한 말입니다.

예를 들어, 많은 사람들과의 끈끈한 유대, 오로지 한 길만을 깊이 파면서 얻은 철학과 이념, 그 철학이 끌어들이는 주변의 신뢰, 웬만한 곤경에는 굴하지 않는 불굴의 정신력, 위기를 기회로 바꾸는 강인함, 중요한 순간에 발휘하는 집중력, 그리고 물론 일류의 기술과 노하우.

진정한 일류는 인간적으로도 완성된 사람이라고 생각합니다.

그런 메달리스트라면, 제가 아는 한 굶는 일은 없습니다.

설령 당신이 비즈니스 업계의 메달리스트가 아니라 할지라도 20년 이상 쌓아온 커리어는 무시할 수 없습니다.

그동안 중도하차하지 않고 링과 필드 위에 계속 머물렀다는 것은 긍지를 가져도 될 만한 일이라고 생각합니다.

아니 긍지를 가져도 됩니다.

다시 한 번 당신의 전력을 돌이켜보세요.
전적(戰績)이 아닌 전력(戰歷)을 말입니다.
그 전력은 지금의 당신에게 무엇을 안겨주었습니까?
돈이 없다고 생각하니까,
앞으로의 일자리가 불안하니까
아무 것도 없다고 느껴지는 것 아닌가요?

사막의 오아시스에서 컵에 물이 반밖에 없네 하고 마시는 물과 반이나 남아 있네 하며 마시는 물, 어느 쪽이 더 힘이 날까요?
당신에겐 비즈니스 선수로서의 방대한 커리어가 있습니다. 누가 뭐라 해도 말입니다.

그 멋진 전력을 모두 활용하면 어떤 가능성이 열릴까요?
없는 것을 아쉬워하기보다 가지고 있으면서 제대로 활용하지 못하던 것에 눈을 돌리세요.
회사든 한 개인이든 자원을 얼마나 잘 사용하는가에 따라 명암이 달라지는 겁니다.

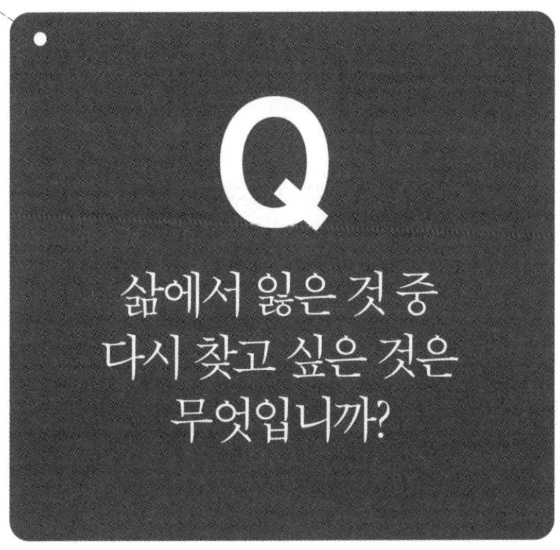

코치받고 싶다는 희망자, 문의를 해오는 사람들 중에는 일에 대한 의욕이 없어졌다는 목소리가 적지 않습니다.

'다시 한 번 의욕적으로 몰두하고 싶다'는 마음이 코칭 교실의 문을 두드리게 하나봅니다. 의욕을 잃고도 아무렇지도 않은 사람보다, 의욕을 잃고 고민하는 사람이 훨씬 건전하다고 생각합니다. 되찾고 싶다는 마음이야말로 미래로 나아가게 하는 에너지원입니다.

어느 공공기관 관리직인 K씨는 지역주민들에 대한 공헌을 매우 진지하게 생각하는 분입니다.

직원 연수 일로 K씨에게 신세를 졌을 때의 일입니다.

실습 시간에 코칭 상대역이 된 K씨는 그 내용 중에 이런 말을 했습니다.

"다른 직원들에게는 더욱 공부해야 한다고 말하는데 사실, 여기서만 하는 얘기지만, 저야말로 도무지 의욕이 안 생겨서 큰일입니다."

"K씨, 가장 의욕적이던 시절은 언제입니까?"

제가 그렇게 질문을 던지자 K씨는 소속은 같은 공공기관이지만 전혀 다른 일을 하던 30대 전반 무렵의 일을 애기해 주었습니다.

잠시 이야기를 나눠 보니 K씨가 원하고 있는 것이 무엇인지 명확해졌습니다.

그것은 자신이 하는 일이 지역 사회에 공헌하고 있다는 실감이었습니다.

의욕이 생기지 않는다……. 이런 일은 많이 듣는 말입니다.

하지만 중요한 것은 왜 그렇게 됐는지 그 배경입니다.

이것은 한 사람 한 사람, 모두 다를 것입니다.

자신감을 잃었다,

꿈을 잃었다,

창의력이 떨어졌다,

도전 정신이 시들해졌다 등

'상실' 에 대한 이야기는 실로 다양합니다.

하지만 이런 일반론으로 정리하는 한 언제까지고 파워를 돌이키지는 못합니다.

그러니까 다시 한 번 질문하겠습니다.

당신은 그것을 되찾기 위해,

적어도 어떤 힘을 남겨두고 있습니까?

앞에서 언급한 K씨에게 저는 말했습니다.

"K씨의 기운의 원천은 공헌하고 싶은 욕구 아닐까요?"

K씨는 크게 동의했습니다.

"제가 한 일에 대해 고맙다는 말만 들어도 눈물이 나올 정도예요."

의욕을 상실한 건 공헌하고 싶은 욕구가 한없이 많다는 증거입니다.

그 부분에 눈을 돌리고 행동을 일으키면 상실한 것을 찾을 수 있습니다.

남아 있는 것 중에 잃은 것은 무엇인지, 어떻게 하면 되찾을 수 있는지를 조금 더 파고들면 힌트를 발견할 수 있습니다.

없는 것과 있는 것, 그것은 언제나 앞면과 뒷면으로 된 한 몸입니다.

Q

일 외의 것을
최우선으로 하여 살아간다면,
무엇을 선택하겠습니까?

기업과 계약하고 특정 사원 몇 명만을 코치할 때의 코치 비용 정산은 기업이 하는 게 일반적입니다.

이런 일을 할 때, 대개의 코치들이 부딪히게 되는 문제가 있습니다.

그것은 기업이 코칭을 통해 얻고 싶은 성과와 실제로 코치받는 개인의 바람이 반드시 일치하지는 않는다는 겁니다.

그렇게 안 되게 하기 위해 도입방법을 조언하는데, 그것은 이 책의 주제에서 벗어나는 내용이므로 생략하겠습니다.

이 책에서 전개하고 있는 것은 당신을 위한 코칭입니다.

그러므로 회사 사정 따위는 모두 잊어버리고, 순간적으로 책임감도 모두 방치하고 일단 생각해보기 바랍니다.

최우선 순위에서 일을 제거해버리면 어떤 길이 보이는지.

정보시스템 회사의 관리직에 있던 Y씨를 개인적으로 반년 징도 코치했습니다.

Y씨의 목표는 '나의 새로운 역할을 명확하게 인식하고 일에서 성과를 내는 것'이었습니다. 하지만 어떤 이야기를 해도 Y씨는 말과는 달리 전혀 행동을 일으키지 않았습니다.

입장도 파악했고, 스스로 생각해도 어느 정도의 책임감은 있는 것 같다. 일단 일도 어느 정도 문제없이 처리하고 있다. 하지만 마음속에서부터 뜨거워지는 것이 없다. 그 탓에 몸이 뜻대로 움직이지 않는다. Y씨는 그런 상황에 놓여 있었습니다.

혹시 당신에게도 그런 증상이 있는 건 아닐까요?

지금 서 있는 입장에서 당신이 긍지를 가지고 있는 것은 무엇입니까?

이때 Y씨에게 던진 이 질문에 당신도 대답해보세요.

"저희 부서는 회사를 지탱하는 사업부문인데……." 기타 등등, Y씨는 이야기하기 시작했습니다.

Y씨가 이야기하는 내용의 주어는 '회사'이거나 '부서'이거나 '저희'입니다.

"Y씨, 그게 아니라 Y씨 자신 안에 있는 어떤 것이 Y씨의 긍지예요?"

저는 반복해서 물어보았습니다.

"긍지……. 그거, 잘 모르겠어요. 잃었어요."

그럼, 자신이 어떤 모습이라면 긍지를 느낄 수 있을까요?

역할을 바꾸기에 앞서 우선 긍지를 되찾읍시다.

제가 Y씨에게 말하고 싶었던 것은 그런 것입니다.

주어가 '나'가 아닌 회사이기 때문에 몸이 뜻대로 안 움직인다는 걸 Y씨는 깨달았습니다.

그리고 자신의 진짜 주제는 지금 몸담고 있는 회사를 떠난 다른 삶에 있다고 깨달았습니다.

물론 사람에 따라서는 지금 하고 있는 일의 연장선상에서 자신의 잊어버렸던 긍지를 찾기도 합니다.

어느 쪽이 되었든지 간에 우선 당신의 주어를 '나'로 바꾸어 생각해보세요.

내가 주어가 된다는 건 지금의 일, 지금의 역할을 던져버리고 있는 그대로의 나로서 생각하는 것을 말합니다.

그렇게 함으로서 발상이 확장되고, 전혀 뜻하지 않았던 곳에 나의 정답이 있다는 것 알게 될 수 있습니다.

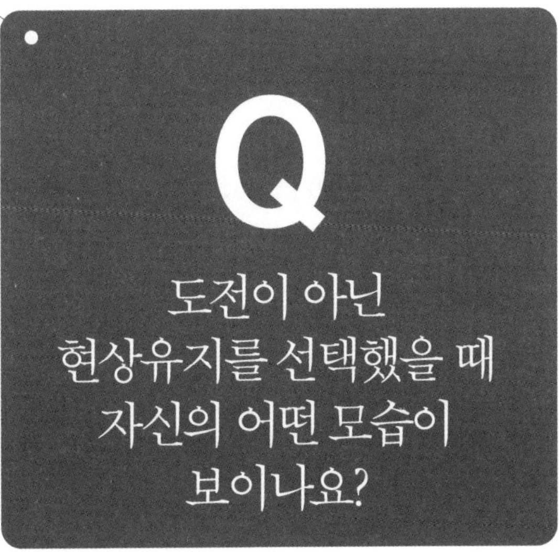

"사람들은 보통 '이걸 하면 무엇을 얻을 수 있을까'를 생각하잖아요. 그런데 저는 달라요. '이걸 안 하면 어떻게 되지?'를 생각합니다."

이것은 K증권의 D대표를 인터뷰했을 때 그가 한 말입니다.

D라고 하면, 실례지만 내일이 어떻게 될지 모르는 작은 증권회사의 경영을 맡아 지금은 인터넷 증권에서 승승장구하는 회사로 발전시킨 사람. 무엇보다 대단한 것은 아직 일반인들에게는 인터넷의

'0'자도 생소했던 시절에 영업사원의 숫자를 0으로 한 일입니다.

그 경위를 여쭤보는 과정에서 나온 것이 실은 첫머리에 나온 말입니다.

저는 바로 이렇게 질문했습니다.

"인터넷이 없는 시대에 증권회사의 핵심인 영업부를 없애고 대체 무엇을 만들 생각이었던 겁니까?"라고. D에게는 의문이었나 봅니다.

눈이 확 트인다는 건 이럴 때 쓰이는 말이겠죠.

아무 것도 안 하면, 변하지 않는다면…… 그건 이대로니까 그냥 이대로겠죠.

보통은 이대로라는 건 '이대로'일 뿐입니다.

당연한 걸 가지고 뭘 그러나 할 수도 있습니다. 왜냐하면 이대로니까요. 하지만 이대로라는 것은 사회의 커다란 변화에 대해서 역시 '이대로'를 뜻합니다.

그러니까 '이대로' 해결될 일이 아니라는 것이 D의 눈에는 보였던 것입니다.

《누가 내 치즈를 옮겼을까?》라는 책이 엄청난 베스트셀러가 된 것도 그로부터 얼마 지나지 않았을 때의 일입니다.

마흔 살이 넘으면 나름대로 즐겨 찾는 단골 술집들도 생겨, 굳이 모르는 가게에 찾아갈 마음도 없어집니다.

넋두리를 풀어놓을 곳도 두세 곳은 있고, 일도 어느 정도 처리할 수 있는 요령을 터득했습니다.

그래서 더더욱 초자로 돌아가거나, 얼굴이 통하지 않는 세계로 발을 들이미는 건 수가 아니라고 생각하게 됩니다.

노는 것도 일하는 것도 자기가 좋아하는 기호나 취향이 굳어졌기 때문에 그런 편안한 장소에서 움직이고 싶지 않습니다.

이렇게 '이대로'를 편안하게 보내고 있는 사이 정신을 차려 보니 따끈따끈하게 삶아져 있더라는 것이 흔히 말하는 '삶은 개구리 현상'입니다.

개구리를 물에 넣어 따뜻하게 데우면, 처음에는 딱 좋은 온도라서 슬며시 잠에 빠져듭니다.

잠에 빠져든 사이 물은 뜨거워지고, 그 사실을 알았을 땐 이미 삶은 개구리가 되었다는 이야기입니다.

할까 말까 망설인다는 선 내개의 경우 안 하는 게 편하고 안심이 되기 때문이라고 생각하지 않습니까?

저도 그럴 때가 있습니다.

그렇기 때문에 더더욱 생각해봐야 하는 겁니다.

계속 이대로 편하게 있으면 앞으로 어떻게 될까요?

"못 합니다.",

"할 수 있습니다."

— 이 판단을 저희는 하루에도 몇 번씩 반복하고 있습니다.

당신의 미래를 생각할 때도 마찬가지로 "못합니다."와 "할 수 있습
니다."가 머릿속을 빙글빙글 돌고 있을 겁니다.

그런데 이 판단이 참 골치 아픕니다.

사회라는 파도에 시달리고 있는 40대는, 여러 가지 일들이 그렇게 쉽게 실현할 거란 생각을 하지 못합니다.

"아직 뭘 몰라.",
"세상을 우습게 보는군.",
"아직 어려." 등의
이런 말들을 20대나 30대의 부하 또는 후배들에게 하고 있는 건 아닙니까?
"그걸 어떻게 해."라고 즉석에서 판단하고 있지는 않은가요?

골치 아프다고 한 이유는 "못합니다."의 이유가 너무 많은 것이 40대라는 사실입니다. 어떤 의미에서 나이가 들면 보수적이 된다는 건 당연한 것인지도 모릅니다. 하지만 노인이 보수적인 것처럼 40대가 벌써 수비태세를 갖출 수는 없습니다. 그야말로 대변혁의 와중에 놓여 있는 시대의 한가운데에서 현역 선수로서 싸워야 하니까요.

이 점에서 던지고 싶은 것이 첫머리의 질문입니다.

40대 관리직들을 코치하다 보면 "……는 무리라서……"라든가 "……는 어렵습니다." 등의 문구를 잇달아 듣게 되는 경우가 있습니다.

그럴 때는 그것이 정말로 넘을 수 없는 높은 벽인지 재차 자못 진지하게 물어봅니다.

스태프의 수가 정해져 있어서 당분간은 그 이상 늘릴 수 없다.

거기에 큰 일이 날아 들어와 나도 부하들도 과로로 지쳐 있다.

이제 한계다.

자, 여기에 불가능(하다고 여겨지는)한 것은 몇 개 있을까요?

우선 스태프를 증강하는 것은 불가능하다고 단정짓고 있습니다.

그 다음으로 이 인원으로는 더 이상의 일을 처리하는 건 무리라고 단정지었습니다.

다른 어떤 불가능한(하다고 생각하는) 것이 또 있을까요?

스태프가 지금 이상의 능력을 발휘하는 건 불가능하다, 일을 줄이는 것은 불가능하다, 피로를 제거하는 것은 불가능하다…… 온천지 불가능뿐입니다.

앞을 읽어낼 수 있는 경험이 있는 반면, 고정관념과 경험에 따른 철칙이 생각하는데 브레이크를 밟고 있습니다.

만약 불가능한 것이 없다면 어떤 시도를 해볼 것입니까?

미래로 나아가기 위해서는 우선 쓸데없는 단정이나 애착은 제거해버리고 백지 상태에서 생각해보는 것이 중요합니다. 자신의 커리어를 생각할 때 역시 마찬가지입니다. 나에게는 역부족이라고... 생각하는 일에 대해 어느 정도 설명할 수 있습니까?

'미지의 영역=어려울 것 같다=배우는 게 귀찮다=나한테는 무리다.'

당신도 이런 절망의 방정식을 만들고 있지는 않습니까?

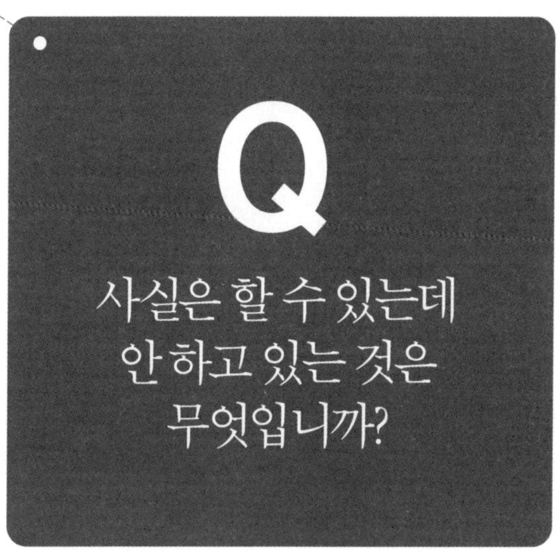

미래로 나아가려면 준비가 필요합니다.

당연한 얘기지만 그것이 의외로 어려울 때도 있습니다.

이직을 위한 코치를 할 때 이런 일이 있었습니다.

"40대가 돼서 직장을 옮기는 게 쉽지 않은 건 알고 있다. 하지만 회사의 앞날이 상당히 위험하기 때문에 지금 미리 손을 쓰고 싶다. 즉, 어떻게 해서든지 다른 직장을 찾고 싶다."고 말하는 사람들이 매우 많습니다.

가장 먼저 부딪히게 되는 문제는 하고 싶은 게 무엇인지, 할 수 있는 것이 무엇인지입니다.

　이것은 이미 앞에서 언급했습니다.

　잠시 이야기를 나누어 보니 자신의 가치관이나 꿈이라는, 그동안 잊고 있던 것에 시선이 머물렀습니다.

　내가 진정으로 바라는 것이 무엇인지 발견했을 때, 그럼 실제로 무엇을 해야 하는가라는 현실론으로 돌아가게 됩니다.

　여기서 다시 벽에 부딪히고 맙니다.

　한마디로 말해서 도대체 어떤 일자리가 있는지 모르겠다. 나에게 유익한 정보량이 너무도 적은 것입니다. 점심시간에 비즈니스 관련 잡지 하나 사러갈 시간도 없을 만큼 일에 쫓기고 있던 T씨도 그랬습니다.

　중장년층의 전직 사정에 대한 정보를 모은다, 일주일 후 T씨가 스스로 정한 과제는 전혀 실행되지 않았습니다.

　15분이면 되는 일부터 시작합니다.

　그렇게 제안했습니다.

　아무리 작은 일도 무언가를 확실하게 얻을 수 있는 것부터 시작하는 겁니다. 크게 움직일 수 없을 땐 이것이 기본입니다.

　T씨는 첫날의 15분을 인재 리쿠르트 사이트를 알아보고, 회원등록 방법 등을 확인했습니다.

　그 다음 날도 15분 동안에 전날의 다음 작업을 했습니다.

그 다음 날은 시간이 조금 더 걸리긴 했지만, 자신의 데이터를 실제로 다른 회사에 보냈습니다. 그리고 또 다음 날에도 또 다른 인재 리쿠르트 사이트에 자신의 정보를 보냈습니다.

이때는 그 일을 완료할 때마다 저에게 메일로 보고하도록 했습니다.

근래에 직장을 옮긴 친구에게 전화로 이야기를 듣는다.
자신의 기술을 객관적으로 살펴본다.
시가와 생활비를 비춰보고 희망연봉을 산출한다.

미래를 개척하기 위해 당신이 하루에 15분씩,
즐기면서 실행할 수 있는 것은 무엇입니까?
그 작은 한 발은, 전진하고 있다는 실감을 얻는 것만으로도 충분한 가치가 있습니다.
그것이 적극적인 발상으로 이어져 신기하게도 진취적으로 움직이고 있는 사람들과의 접점을 늘려갑니다.
아무 것도 할 수 없다는 생각을 하고 있다면, 우선 스스로를 의심하세요. 할 수 있는 것이 있다면 무엇일까 하고, 작고 쉬운 것에 시선을 돌려보세요.
그것을 차근차근 한 달 동안 축적하면 어느 정도의 가치가 될까요?

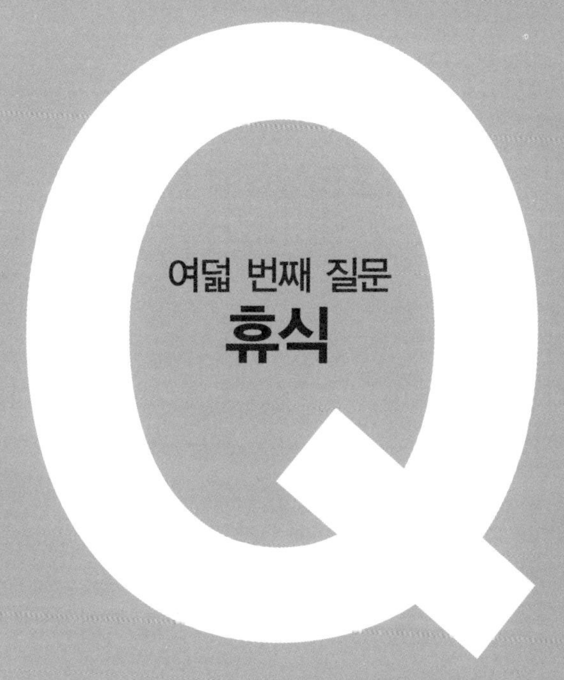

정말로 원하는 즐거움은 무엇입니까?

Q

놀면 충전됩니까?
놀면 방전됩니까?

추석 연휴, 설 연휴 다음 날의 여의도 사무실이 밀집된 도시 횡단보도를 건너는 샐러리맨과 직장여성들.

'자 오늘부터 다시 일 시작이다' 는 글이 붙어 있는 신문사진이 있습니다.

신문사에서 그런 얼굴을 찾아 게재하는 것도 한 요인이지만, 아무리 봐도 충전한 얼굴로는 보이지 않습니다.

그런 생각을 하며 연휴가 끝난 다음의 코칭 시간을 떠올려봅니다.

오랜만에 한 고객으로부터 전화가 왔습니다.

화제는 자연스레 휴가 이야기로 흘러갑니다.

"어땠어요, 하와이는?" 이런 느낌입니다.

제가 고객 복이 있는지 대부분의 고객들은 목소리가 활기찹니다.

가장 이상적인 것은, 충분히 충전했더니 일하고 싶은 마음이 슬슬 꿈틀거린다는 상태입니다.

그런 상태에서 직장으로 돌아간 사람은 코칭 시간에도 "그럼 휴가 전에 나온 현안에 대해 시작해볼까요?" 하고 본인이 적극적으로 화제를 이끌어갑니다.

이와는 반대로, 휴가를 마친 그 첫마디가 극단적으로 가라앉아 있는 경우가 세 번 있었습니다.

그 중 두 번은 동일 인물이었습니다.

지금 돌이켜보면, 이 사람은 부부관계에 균열이 있는 데다 이른바 고부갈등까지 안고 있었습니다.

또 한 사람은 휴일에도 출근하고 일을 집에까지 들고 가, 휴가가 어 중간하게 끝나버린 경우입니다.

둘 다 그 후의 코칭 성과는 그다지 좋지 않았습니다.

거기서 저는 하나 배웠습니다.

오프 타임에서 얻은 스트레스를 안고 온 타임으로 돌아오는 사람 은, 일에서도 성공하지 못한다는 것입니다.

단, 오프를 만끽한 모든 사람이 온 타임에서 좋은 결과를 낸다는 것 은 아닙니다.

이것은 상식적으로도 이해가 가는 부분이지만, 그럼에도 경험상 다 음과 같이 말할 수 있습니다.

휴가 다음날 에너지가 충만한 사람일수록 좋은 인생의 흐름을 만들고 있다. 왜냐하면 이런 사람은 오프가 즐거웠을 뿐만 아니라 돌아온 온 타임도 기쁨의 시간이기 때문입니다.

이것은 하루하루의 작은 온과 오프에도 똑같이 적용할 수 있는 말입니다.

어떻게 하면 지금보다 더 잘 충전할 수 있게 될까요?

방전 쪽에 가깝다고 여겨지는 사람, 충전이 잘 안 됐다고 여겨지는 사람은 부디 한번 생각해보세요.

일하는 방법, 일에 대한 사고방식, 가족과의 관계, 자기 이미지, 돈의 사용법, 건강관리 등……

이 책에서 거론한 주제 그 어딘가에 반드시 실마리가 있을 겁니다.

충전을 제대로 했는데 일에는 의욕이 안 생긴다는 사람도 있을 겁니다.

하지만 이것은 진정한 충전이 아닙니다.

다음 질문에서도 다루겠지만, 충전 후에 즐거움이 없으면 충분한 충전이라고 할 수는 없다고 생각합니다.

앞서 언급한, 충전하고 직장으로 돌아간 두 사람은 일에서 한계를 느끼고 있었습니다.

어떻게 노는지, 그 방법이 일하는 자세를 반영하는 거울이 되는 경우도 있다는 겁니다.

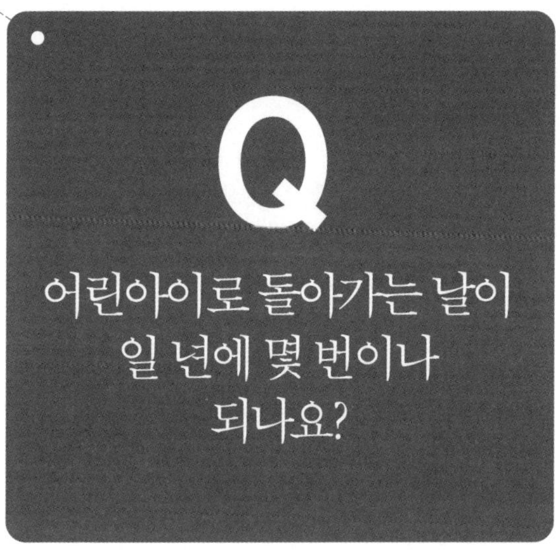

휴일은 이런 것(뒤를 뒤집으면, 일도 그럭저럭)이지만, 저는 그것이 전부라고 생각하고 싶지는 않습니다.

내일로 이어지는 충전을 하기 위해 때때로 '더없이 행복' 한 시간을 갖는 것은 중요합니다.

제가 코치하고 있는 사람 중에도 가장 중요한 순간에 예리한 판단을 하는 사람은 더없이 충만한 충전을 하고 있는 사람들입니다.

여기서 첫머리에 한 질문을 하겠습니다.

어린아이로 돌아간다는 말의 의미는 득실이나 전후를 생각하지 않고, 솔직하게 즐기는 것을 말합니다.

따라서 '남쪽 섬에 가면 관광안내 책자에 써 있는 대로 해야지'라는 강박관념에 따라 수상 스포츠를 하며 피로감만 더 가중시키는 건 어린아이로 돌아간 모습이 아니겠죠.

"그런데요, 저는 취미가 없어요. 낚시를 좋아하거나 경마를 좋아하는 사람을 보면 부럽긴 하죠. 하지만 제겐 도무지 흥미가 안 생겨요. 푹 빠질 수 있는 뭔가가 있었으면 좋겠어요."

이 말은 H씨의 말입니다.

사실 여기에는 오해가 있습니다.

아이는 한 가지 일에 몰두한다는 점 말입니다.

아들과 딸 두 아이를 키우고 있는 아버지로서 단언합니다.

아이는 몰두하는 것이 아니라 변덕쟁이입니다. 변덕쟁이이기 때문에 몰두할 때도 있다, 그뿐입니다.

흥미를 느끼는 게 그렇게도 없다면 어느 정도 맛보다가 다시 다른 것을 맛보기 위해 옮기는 것도 즐기는 방법 중 하나입니다.

어머니들의 노여움을 사고 있는 난장판이 된 장난감들은 바로 아이들이 실컷 즐기고 있다는 증거입니다.

몰두해 준다면 장난감이 하나만 있어도 되는데 말입니다.

특별히 뭘 한 것도 없이 지냈는데도 즐거웠던 일요일을 떠올려보세요.

그날, 당신은 무엇을 했습니까?

"그러고 보면 학생 때는 어슬렁어슬렁 서점에 가서 잠깐 서서 책을 읽고, 빨래방 갔다가 역 앞에서 우연히 만난 친구하고 커피샵에 가서 얘기하고, 늘 가던 식당에서 저녁을 먹고, 오피스텔에 돌아와서 텔레비전을 봤었지. 그렇구나. 그러고 보니까 휴일은 그때처럼 지낼 수 있는 거네요. 가족이 있으니까 상황이 조금 달라지긴 했지만."

H씨의 이야기를 들으며 저의 학창시절과 똑같다는 생각을 했습니다.

뭘 할 건지 정하지 않기, 의욕을 내면서 열심히 하지 않기, 그냥 자연스럽게 행동하기. 그것이 '이린아이로 돌아가는 날' 인 것입니다.

"얼마 전 아들하고 같이 청개천을 돌아다니다 보니 어느새 저녁이더라고요. 집에 있는 아내에게 전화를 걸어 오늘은 둘이서 카레라이스를 먹고 들어간다고 전화했어요. 오랜만에 즐거운 휴일을 보냈습니다."라는 H씨의 충전된 목소리에 저도 덩달아 기운을 받았습니다.

Q

정말로
원하는 즐거움은
무엇입니까?

무엇을 할 때 가장 즐거운가?

시간을 어떻게 보내면 마음이 시원해지고 편해질 수 있는가?

물론 이것은 한 사람 한 사람 모두 다릅니다.

때로는 워크숍에서 이런 질문을 합니다.

당신이 자기 자신을 리셋하고 싶을 때,

이렇게 하면 OK라는 결정타는 무엇입니까?

알기 쉽게 말하면, 자신에게 가장 잘 맞는 기분전환 방법은 무엇인지, 그 방법을 정말로 알고 있습니까? 라는 뜻입니다.

"저기요 B씨, 혹시 여장해보고 싶다고 생각한 적 없어요?"

갑자기 어떤 사람에게 이런 질문을 당한 적이 있습니다.

"여장? 글쎄요, 별로 안 끌리는데요."

제가 별로 반응을 보이지 않아 이야기는 그 이상 빌진하지 않았는데, 지금 생각해 보면 그것은 그가 한 발을 디밀지 못하고 있는 욕구가 아니었나 싶습니다.

여장을 권하는 코치는 지금까지 들어본 적이 없지만, 어쩌면 지금, 코치로서, 고객과 비슷한 이야기를 나누게 되면 이런 질문을 던지겠지요.

허영이나 체면을 버리고 그 행동을 하면 무엇을 손에 넣을 수 있을까요?

취비나 기분전환에는 멋있다, 촌스럽다고 하는 것은 없다고 생각합니다.

아무리 변태적인 것이어도 변태행위로 사람들에게 해를 끼치는 것이 아니라면 뭐 어떻습니까.

'술과 담배가 기분전환을 하는데 가장 현실적이고 손쉬운 방법이다' 라고 말하는 사람은 많습니다.

하지만 그것은 채워지지 않는 부분을 메우는 것, 혹은 잊기 위한 대체 수단이 된 경우도 많지 않나요?

그것이 어느 정도를 넘어서면 몸을 상하게 합니다.

그렇기 때문에 이것은 한번 진지하게 생각해볼 가치가 있다고 생각합니다.

한 주에 한 번 여장을 함으로써 간을 지킬 수 있다면, 부인도 핀잔은 안 하지 않을까요?

물론 여장을 주장하고 있는 것은 단연코 아닙니다.

즉, 말하고 싶은 것은 이런 겁니다. 질문을 바꾸면…….

당신은 자신의 욕구에 얼마나 충실한가요?

사회적인 규범이나 회사에서의 입장, 가정에서의 입장, 자존심…… 그러한 것들을 생각하는 건 당연하지만, 그 때문에 감정을 캐치하는 안테나가 녹슬고 있는 건 아닌가요?

자신의 감정에 둔감한 사람은 주변 사람들의 감정에도 둔감해집니다. 감정을 받아들이지 못하면 사람들이 모인 자리의 공기도 읽지 못합니다.

솔직하게 놀 수 있는 여유가 있어야, 이 매몰찬 시대를 살아나갈 수 있는 힘도 유지할 수 있지요.

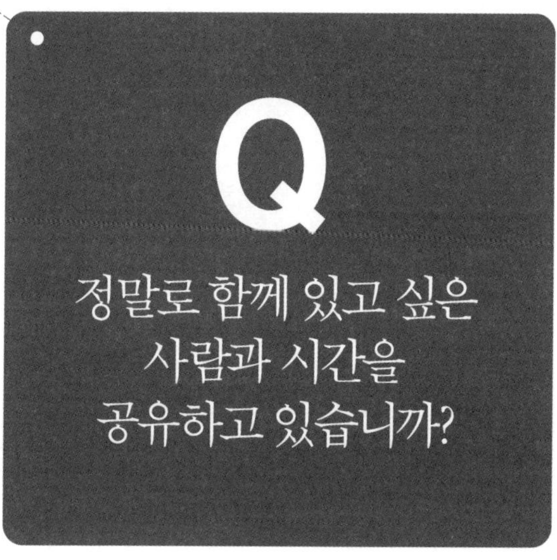

자유로울 수 있는 시간이 아무리 있어도 그때 함께 보낼 사람이 없다면 한쪽 날개가 부러진 비행기 같은 겁니다.

물론 혼자 있는 시간도 좋지만 마음이 통하는 관계를 원치 않는 사람은 적을 것입니다.

당신은 '무엇을 할까?' 와 '누구와 함께 할까?' 중 어느 쪽을 소중히 여깁니까?

첫머리의 질문과 함께 생각해보세요.

언뜻 보면 하고 싶은 것을 하고 있는 것처럼 보여도, 유대가 없는 시간은 찰나적인 기쁨으로 지나쳐버리고 마는 것 아닐까요?

반대로 깊은 유대를 이룰 수 있는 시간은 생명을 깨끗이 빨아주고 있는 것이라고 생각합니다.

같은 골프도 코스를 함께 도는 상대에 따라 스트레스가 쌓일 때가 있는가 하면 최고로 충전되는 때도 있습니다.

'무엇' 과 '누구'. 아이들을 보다가 느낀 것이 있습니다.

그들은 수줍음이나 사양이라는 것이 없어서 시간을 함께 하기 위한 이유가 필요 없습니다.

"오늘은 하고 놀 거야." — 아이들의 눈은 언제나 '누구' 를 향해 있습니다.

마음이 맞는 상대와 함께 있으면 놀이에도 자연스레 열정이 생깁니다.

어느새 '무엇' 이라는 요소가 만들어지는 것입니다.

만약에 반대로 "오늘은 공원에서 야구를 하기 위해 ○○를 부르자."는 발상이라면 어떨까요? '무엇' 을 위해 갖다 붙인 '누구' 로는 놀이에 흥이 나지 않습니다.

아이들은 그런 것을 본능적으로 알고 있는 것입니다.

그런데 그런 본능을 상실한 것이 바로 어른이 아닐까요?

저는 '가족 서비스' 라는 말을 매우 싫어합니다.

시간을 공유하는 것이 아니라 서비스를 제공한다는 의식. 가족과 함께 보내는 시간마저 '무엇'에 지배당하고 있는 것입니다.

그래서야 도저히 풍요로운 놀이 시간을 만들 수 없다는 생각이 듭니다.

그냥 곁에 있고 싶다, 곁에 있어줬으면 좋겠다고 생각하는 상대는 누구입니까?

도덕적인 잣대를 들이대지 않아도 됩니다. 대답이 여러 개여도 괜찮습니다. 항상 그런 건 아니고, 가끔이거나, 장면에 따라 상대가 다를 수도 있습니다.

연애뿐만 아니라, 당신에게 소중한 사람이 누구인가라는 본질적인 질문입니다.

누군가와 유대감을 느끼고 있는 사람과, 유대의 끈이 안개 속에 가려진 사람은 접해 보면 느껴지는 에너지가 다릅니다.

코치를 해도 결과를 내는 파워의 차이는 확연합니다. 그만큼 사람으로부터 받는 에너지는 크다는 것이겠죠.

오늘, 누구에게 전화를 걸 건가요?

지금 이 순간, 눈을 감고 생각해보세요.

가장 듣고 싶은 목소리의 주인에게 '무엇'이라는 이유 없이 전화를 걸어보는 건 어떨까요?

딸아이에게 피아노를 가르쳐놓고선 밥 먹는 것도 잊어버리고 몰두하는 모습을 보고 일주일 동안 피아노를 금지시켰다는 이야기를 주변에서 들은 적이 있습니다.

그 아이의 어머니는 인간이 성장하기 위한 기본을 모르는가봅니다.

생리적 욕구조차 옆으로 제쳐두고 무아지경에 빠져들 만큼 그것이 즐겁다는 것. 왜 브라질에서 우수한 축구 선수가 끊임없이 배출되는가. 그 큰 요인 중의 하나는, 어릴 적부터 축구를 연습이 아닌 '놀이' 안에서 다룰 수 있는 환경에서 성장했다는 것일 겁니다.

어린아이들의 교육으로서만이 아닌 자신의 일로 생각해보세요.

일이 놀이고 놀이가 일이다.

취미의 연장선상에서 일하고 있다.

이보다 행복한 일은 없습니다.

지금까지 그런 말을 이구동성으로 한 사람들을 많이 만났습니다.

예외 없이, 이 사람들은 각각의 분야에서 높은 영향력을 가지고 있습니다.

"나하고는 상관없는 세계야."라는 소리도 들리는 듯하지만, 여기서 페이지를 넘겨버리시기 전에 다음 질문에 대답해 주세요.

당신은 일을 통해 어떤 두근거리는 상황을 손에 넣고 싶습니까?

무언가에 몰두하고 있다는 건 두근두근한 상황이 항상 지속되고 있다고 할 수 있습니다.

자신을 일 중독인간이라고 하면서 꽤 반짝이고 있는 사람은 바로 이와 비슷한 상태에서 살고 있는 사람이라고 생각합니다.

이 질문을 하면 "일 외의 장면에서는 들뜨지만……."하고 꼭 이렇게 말하는 사람이 있습니다.

이쪽도 그럴 줄 알면서 질문을 던집니다.

왜냐하면 대부분의 40대에게 있어서 일하는 시간이라는 것은, 명확하게 큰 비중을 차지하고 있기 때문입니다.

여기서 두근두근을 완전히 포기해버리면 썩은 사과에서 아주 조금 남겨진 부분을 어떻게 맛있게 먹을 것인가 — 이런 인생이 되고 맙니다.

　그걸로 만족한다면 당신의 인생은 갈 길이 너무 길지 않나요?
　그건 그렇지만, 답이 안 떠올라요…….
　사실 그래서 준비한 것이 바로 첫머리에 한 질문입니다.
　낚시든 독서든 여행이든 뭐든지 좋습니다.
　나를 잊고 무아지경에 빠져 있는 시간을 마음속에서 돌이켜봅시다.
　그리고 다음 질문에 대답해 주세요.

　그 행위의 무엇이 당신을 그렇게까지 빠져들게 합니까?
　재미있어서라든가 편안해서라는 막연한 대답이 아닌, 무엇이 재미있는지, 그 시간에 어떤 일이 일어나서 편안한지 등을 철저하게 파헤쳐봅시다.
　샅샅이 파고들다 보면 의외로 일을 즐기는 힌트가 발견될지도 모릅니다.

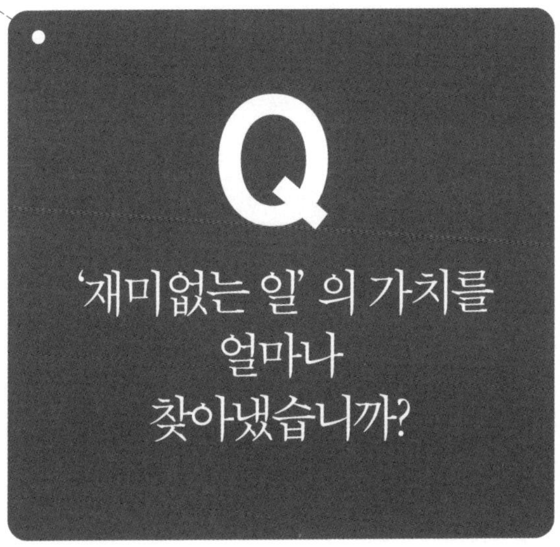

즐거운 일은 능률이 오르고, 재미없는 일은 능률이 떨어진다.

이것은 일뿐만 아니라 어떤 것에도 통하는 말입니다.

이것은 뇌의 활동으로도 설명할 수 있습니다.

뇌에서 행동과 감정을 담당하는 영역은 서로 붙어 있으며 영향을 주고받습니다. 단지 골치 아프게도 뇌는 감정의 내용을 하나하나 세세하게 구별하지 못한다고 합니다.

그 때문에 별로 좋지 않는 감정이 솟아났을 때 그것을 억제하려고 하면(즉, 뇌가 그런 지시를 보낼 경우), 다른 감정도 함께 억제됩니다.

이것이 행동을 위축시키기까지 합니다.

불쾌한 감정을 계속 안고 있는 건, 활력 있는 행동을 못하게 하는 상태를 정착시킵니다.

"좋아하는 것이야말로 최고의 선생이다."라는 말은 그야말로 뇌과학이론에 들어맞는 말입니다.

당신이 일을 '재미없다' 고 느끼면 그것은 달성을 향한 힘을 저하시키며, 의욕이 더더욱 감퇴하는 악순환을 초래합니다.

시장도 고용도 어려운 환경 속에서 일하고 있는 40대를 보고 있으면, 여러 가지로 타협하지 않을 수밖에 없기 때문에 더더욱 이런 이런 상태에 빠져 있는 사람이 많다는 생각이 듭니다.

그 재미없는 일을 '하고 싶은 일' 로 바꾸기 위해 당신 자신은 무엇을 바꾸겠습니까?

어려운 과제에 대해 코치를 할 때의 핵심은 What인 과제를 Who인 과제로 바꾸는 것입니다.

경영방침이나 업무 내용, 고객의 대응을 바꾸는 건 당신 혼자서는 불가능합니다. 하지만 당신을 어떻게 바꾸는가는 당신 자신이 정하면 앞으로 나아갈 수 있는 이야기입니다.

일이 재미없다, 나아가 인생의 가치를 찾을 수 없다는 상황 속에 있는 사람은 일부러 그 이유를 자신의 외부요소에 두고 있습니다.

이래서야 시간이 100년 있어도 해결되지 않을 겁니다.

　중요한 것은 스스로 컨트롤할 수 있는 것부터 시작하자는 결론입니다.

　반복하지만 What이 아닌 Who의 발상.
　이것은 일뿐만 아니라 충족감을 되찾기 위한 방정식입니다.
　일은 어찌되었든 부부관계가…… 라는 사람은 부부 문제에 대하여 "우선 지금의 내가 할 수 있는 건 무엇인가?"라고 생각하는 겁니다.
　어떤 문제도 생각의 기본 방식은 똑같습니다.

　물구나무서기를 못하는 아이는 철봉을 싫어합니다. 하지만 철봉의 높이를 내린다거나, 철봉 수업을 없앨 수는 없습니다.
　선생님의 가르치는 방법을 비난한다고 해서 그것을 바꾸는 건 어려울 것입니다. 방과후, 단짝친구인 K에게 가르쳐달라고 부탁해봅니다.
　이 '부탁'이라는 행위는 그 결과가 어찌되었든 분명하게 실행할 수 있는 일입니다.

　언제나 어떤 일이든 스스로의 책임감에 따른 결단과 실행. 그로 인하여 내 의지로 살고 있다고 실감하는 것이, 충족감의 원천이 될 수 있는 건 아닐까요?
　경우에 따라서는 결과보다도 그 자세 쪽이 중요할지도 모릅니다.
　마지막으로 잠깐 추상적인 질문.
　당신은 자신의 하루를 스스로 결정하고 있습니까?

Q

'NO!' 를
얼마나 말하고
있습니까?

하고 싶은 것을 하면서 자유롭다면 지금보다 만족스러울 텐데.

이런 발상을 하는 건 인간으로서 매우 당연한 듯하면서도 실은 의외로 쓸데없는 일이기도 합니다.

왜 그런고 하니 하고 싶은 일을 자유롭게…… 라는 건 40대가 된 다 큰 어른에게는 비현실적으로 보이기 때문입니다.

그러니까 정력을 잃은 사람에게 "좋아하는 것은 무엇입니까?"라고 물어봐도 화제를 다른 쪽으로 바꿔 잡담이나 하게 될 뿐 대부분의 경우 코칭이 되지를 않습니다.

만약에 조금이라도 당신에게 그런 징후가 보인다면 첫머리의 질문에 대답하세요.

체력을 초과하는 무거운 짐을 짊어지고 사방팔방이 장애물로 둘러싸인 40대는 적지 않습니다.

책임과 굴레 속에서 목구멍까지 올라온 'NO!' 를 억지로 짓누르고 있지는 않습니까?

사실은 'NO!' 라고 말해도 되는데 괜히 자제해서 'YES' 라고 말한다. 혹은 승복하지 못해 따르고 만다. 직장은 물론이고 가정이나 지역사회, 개인적인 친구관계 속에서도 그런 일은 비일비재하게 일어나고 있습니다.

상대방에게 진심에서 우러난 'YES' 를 전하는 건, 입으로 하는 'YES' 중 몇 %나 됩니까?

예, 알았습니다. 그렇죠. 저도 동감합니다. 그렇게 합시다.

그런 수많은 'YES' 들. 예를 들어 지난 주, 요 한 달 사이, 혹은 1년 중에 진심으로 말한 'YES' 가 몇 개나 될까요?

반대로 얼떨결에 말하게 된 'YES', 말하지 않을 수 없었던 'YES', 손해득실을 따져보고 말한 'YES' 등은 각각 몇 번이나 될까요?

독재적 성격의 창업주인 아버지에게 2대째 전무인 E씨는 도무지 개혁의 필요성을 설득하지 못하고 있었습니다.

　장래에 대한 생각은 확고했으나 코칭을 시작하면서 시간이 지날수록 E씨는 기운을 잃고 있었습니다.

　문제는 방법론에 있는 것이 아니라 그의 결의라고 제가 깨달은 건 코치하기 시작한 지 한 달 정도 지났을 때입니다.

　뱃속에서부터 말하고 싶은 'NO!'는 어떤 'NO'입니까?

　저는 E씨에게 "그럼 그것을 제가 사장이라고 생각하고 말하고 싶은 것을 모두 시원하게 털어보세요."라고 요구했습니다.

　30초 정도의 침묵이 흐른 후 수화기 저편에서 들려온 E씨의 목소리는 지금까지 알고 있던 E씨의 목소리가 아닌 것처럼 힘찬 것이었습니다.

　'NO!'라고 말하고 싶은 모든 일에 'NO!'라고 말하면 살아나갈 수 없을지도 모릅니다. 하지만, 이것만은 절대로 'NO'라고 생각하는 것에는 절대 타협하지 마십시오.

　E씨의 'NO!'는 이 일이 도화선이 되어 사장의 자리를 물려받는 갑작스러운 전개로 발전했습니다.

　그럼에도 선대와의 줄다리기는 여전합니다만, 'NO'의 벽을 뚫고만 E사장은 광채와 든든함이 붙었습니다.

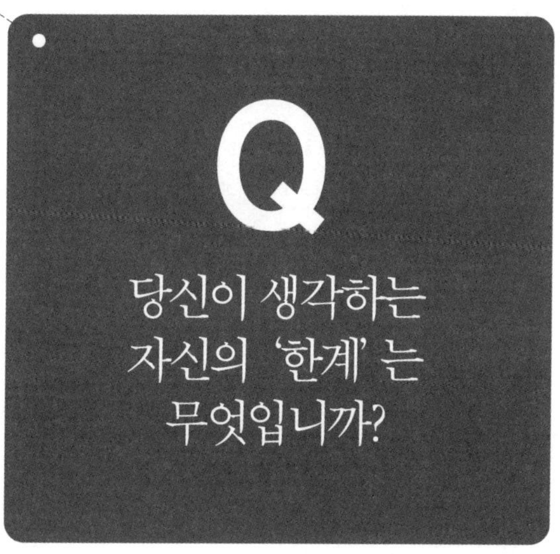

커리어에 대한 워크숍이나 코치를 하다 보면 가끔 나오는 것이 자신의 한계에 대한 이야기입니다.

이것은 40대(더 정확히 말하면 30대 후반 정도부터 포함되는지도 모르겠습니다)쯤 되면 머리에서 떨어지지 않는 주제인 것 같습니다.

"할 수만 있다면 지금까지 쌓아온 경험을 살려서 더 큰 프로젝트를 이끌고 싶어요. 하지만 이력서를 화려하게 장식할 만한 큰 실적도 없고, 지금까지 대기업에서 일한 것도 아니에요. 이런 제게 더 이상의 커리어업은 한계가 있겠죠.”라는 식으로 말입니다.

이런 이야기를 해주신 분도 계십니다.

“저는 총무부 외길로만 걸어왔기 때문에 관련 부서가 냉대받고 있는 현실은 꽤 힘듭니다. 하지만 이제 와서 영업부에 가라고 해도 곤란하고. 그냥 이 일을 붙들고 싶다는 게 제 본심이에요.”라고.

각각 20년 이상 쌓아온 것에 대해 ‘한계’ 라는 스토리를 만들어내고 있습니다.

매우 수긍이 가는 이야기이지만 그렇다고 이대로 머무르면 앞으로 나아가는 파워는 생기지 않습니다.

업무 실적, 자각하고 있는 능력과 적성, 가정환경, 회사 사장, 사회 정세, 학력, 이력, 자격증, 통장의 저축액……

당신의 한계를 만들어내고 있는 요인은 무엇일까요?

만약 그것을 한계라고 생각하지 않는다면, 어떤 행동을 할 건가요?

많은 경우 한계의식이 행동을 제약합니다.

필요 이상의 제약조건을 스스로 만들어 멈춰 서 있는 사람들이 적지 않습니다.

비단 일뿐만 아니라 과거에 상상한 이상적인 가정, 휴일을 보내는 스타일, 아니면 근육이 탄탄하게 붙은 육체 등……

어떤 측면에도 '한계의식＝포기'의 그늘이 어른거리기 쉬운 것이 40대겠죠.

당신이 생각하고 있는 그 한계선을 1m만 앞당겨 다시 그려보세요.

그 다음에는 한계를 천천히 바라보고, 다시 한 번 어떤 한계가 있는지 얘기해보세요.

자, 당신이 생각하고 있는 한계의 내용들은 어떻게 바뀔까요?

어디가 한계인가는 최종적으로는 결과론입니다. 확고한 답이 있는 건 아닙니다.

그렇다면 아주 조금만이라도 좋으니 도전해보는 건 어떨까요?

한계선으로 그은 1m 앞의 선까지 나아갔으면 그 다음에는 어떤 목표를 세울 것입니까?

운동 종목의 기록이 언제나 새로 쓰이는 것은 육체와 기술, 훈련법 등의 진보 외에 신기록이 새로 극복해야 할 한계선이 되기 때문이라고 생각합니다.

당신이 상상하는 것 이상의 기록을, 당신 자신의 인생에서 기록할 수도 있는 겁니다.

그리고 무엇보다도 아직 현재진행형이라고 실감하는 것에 큰 의미가 있습니다. 당신의 한계는 1m, 아니 1cm라도 앞당겨진 순간, 그 목표가 달라집니다.

코치라는 일을 하다 보면 말버릇에도 민감해집니다.

"이번 한 주는 어땠습니까?"라고 물어 보면 마치 모범답안이라도 있는 것처럼 언제나 똑같이 이렇게 답하는 사람이 있습니다.

"응, 그럭저럭이죠 뭐." ― 부부가 함께 개인 상점을 경영하고 있던 D씨입니다.

얼마 동안 저도 그 대답을 예측하고, 일부러 똑같은 질문을 반복했습니다.

아무리 그래도 '그럭저럭'이라는 말을 듣고 "그래요. 그것 참 잘 됐네요."라고 말해서야 코칭이 되지를 않습니다.

지난 주에도 이번 주에도, 그리고 아마 다음 주에도 '그럭저럭'. 한 달 전에도 한 달 후에도 그렇습니다.

그것은 정말로 '그럭저럭'이라고 할 만큼 안정된 상황인 걸까요?

'그럭저럭'의 뒤에 숨겨져 있는 부족한 것을 찾으면 그 과제가 얼마든지 드러납니다. 그런데 그 대답은 언제나 '그럭저럭'. 이것은 꽤 괜찮게 완성됐다, 어느 정도는 달성했다는 의미가 아닙니다.

도전의 필요성을 느끼면서도 기껏 해야 일상적인 업무만 완수하고 끝나기 때문에 언제나 '그럭저럭'이라고 대답할 수밖에 없었던 겁니다.

불안감이나 불만이야 여러 가지로 많지만, 그럭저럭 월급도 받고 있고, 일에서 큰 실수를 하지도 않았다. 그냥 괜찮지 뭐 이 정도면. 이렇게 느끼고 있는 사람은 다양한 의식조사 결과를 보아도, 의외로 많지 않을까 싶네요.

나도 여기에 해당한다,
가깝다고 느끼는 사람은 다음 질문에 대답해 주세요.
'그럭저럭'이라고 느끼고 있는 상황에 대해, 평소와는 다른 말로 설명해 주세요.
D씨는 잠시 "으음……."하고 신음소리를 내며 골똘히 생각하기 시

작했습니다.

그리고는 "뭔가 손을 쓰지 않으면 안 되는 상황에 처해 있네요."

그것이 그가 찾아낸 답이었습니다.

그는 장사를 하는 사람이기 때문에 그 말의 의미는 큰 대형할인점의 위협에 대항할 비전과 전략이었습니다.

물론 변화가 필요한 장면은 사람에 따라 가정일 수도 있고 건강관리일 수도 있으며 그 밖의 다른 요소일 수도 있습니다.

'그럭저럭' 이라고 생각하고 있는 스스로에게 내심 '이러면 위험한데' 라고 느끼신 분은 다시 한 번 첫머리에 한 질문을 새겨보세요. 그럼 또 하나의 질문으로 추궁하겠습니다.

지금 이 순간, 어떤 행동을 할 결심을 했습니까?

많은 경력을 쌓아온 40대가 지켜야 할 것을 짊어지고 변화를 시도하는 건 쉬운 일이 아닐 겁니다.

하지만 사태를 회피하기 위한 '그럭저럭' 은 위험합니다.

공격하지 않으면 지킬 수 없는 것이 전쟁이기도 합니다.

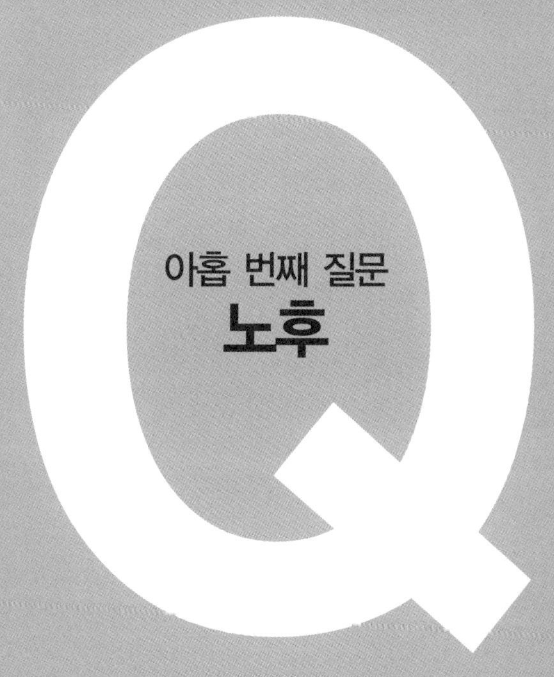

어떤 모습이 떠오릅니까?

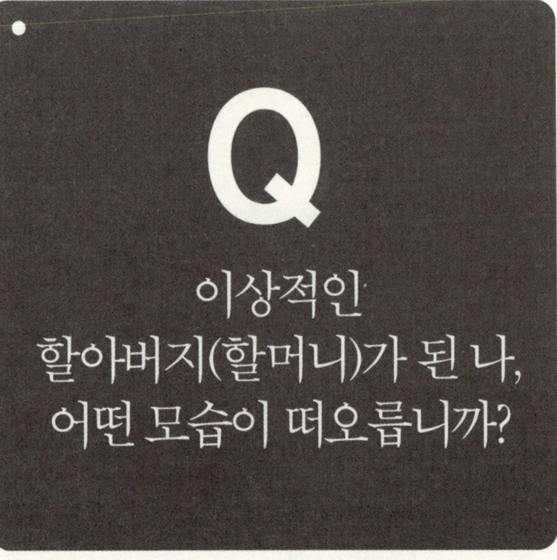

번화가를 걷고 있으면 한국만큼 젊은이가 많은 나라도 없다는 생각이 듭니다.

번화가뿐 아니라 예를 들어 여름의 해수욕장도 그렇습니다.

외국의 피서지라면 해변에 누워 있는 건 중장년층 이상이 중심입니다.

"젊음을 되찾자는 주제로 코치하는 사람은 어디 없을까요?
아내하고 얘기를 하다가 아내가 저한테 그러더라고요."

어느 경영자가 농담 반으로 그런 상담을 하시길래 사진을 봤더니 부인은 늙었다기보다 오히려 연배보다 젊은 인상을 받았습니다.

"D씨는 더 젊어지고 싶다고 생각하신 적 있으세요?"

제가 D씨에게 이야기를 돌리자 그는 쓴웃음을 지으며 말했습니다.

"아니오, 이젠 포기했습니다.
저야 어찌되었든 우선 급한 건 조직의 젊음을 되찾는 일이죠."

포기했다 —. 아무래도 이 말이 걸립니다.
하지만 부인의 "젊어지고 싶다."는 말 역시 어딘가 석연치 않은 건 마찬가지입니다.
한국사람은 아무래도 나이 먹는 것을 끔찍한 것이라는 부정적인 의식에 너무 사로잡혀 있는 것 아닐까요?

나이를 먹어서 좋은 일은 어떤 것이 있다고 생각하십니까?
D씨와의 대화는 매우 짧게 끝났지만 만약에 더 오랫동안 이야기를 나누었다면 분명 이렇게 질문했을 겁니다.
이번 기회에 당신도 한번 생각해보기 바랍니다.

"좋은 일을 상상하려고 했지만 연금은 어떻게 될지 모르고, 한국이 이대로 쇠퇴할지도 모르고, 주택할부금은 아직도 남아 있다, 아이들에게 신세질 생각은 없다, 아아, 생각하면 할수록 어두운 일밖에 안 떠오르네요."

혹시나 해서 40대 고객에게 물어봤더니 이런 대답이 나왔습니다.

그가 그린 이 미래 예상도는 다시 입력해야 합니다.

그의 마음속에 있는 막연한 불안감에 접함으로써 저는 코치로서의 뜻을 새로 다짐한 순간이었습니다.

비록 지금은 안 떠오른다고 해도, 노후에 어떤 일이 있으면 기쁠까요?

현실적이든 그렇지 않든, 조금이라도 즐거운 노후를 상상해보세요.

그 모습이 떠올랐으면 어딘가 손을 대기 쉬운 부분에 초점을 맞추어 가능한 한 구체적으로 상상해봅시다.

예를 들어 퇴직금으로 공기 좋고 한적한 곳에 통나무집의 나무 내음과 난로의 따뜻함. 뭐 이런 것 말입니다.

나이를 먹는 것도 괜찮은 걸지도 몰라.

아주 조금이라도 그렇게 느낄 수 있도록 시도해보세요.

되찾을 수 없는 것보다는 앞으로 쌓아갈 수 있는 것에

마음을 기울여보지 않으시겠습니까?

일할 의욕이 있든 없든 지금처럼 힘차게 일할 수 없는 날이 언젠가는 꼭 옵니다.

특수한 예외적인 상황을 빼면, 돈을 버는 힘은 확실히 떨어집니다. 그것을 전제로 한번 생각해보기 바랍니다.

당신이 그리는 노후생활은 생활유지비가 얼마나 들까요?

30대, 40대 그룹에게 이런 질문을 던졌을 때, 지금까지 한 번도 대답이 금방 나온 일이 없습니다. 무엇이 필요하고 무엇이 필요 없는지,

무엇을 소중히 할 것인지, 삶의 형태가 총체적으로 보이지 않기 때문일 것입니다.

잘난 척하며 말씀드리고 있는 저 역시 아직 거기까지는 머리가 돌아가지 않습니다.

그렇기 때문에 여기서 함께 생각해봅시다.

돈에 대한 부분을 확실히 하기 위해 당신의 욕구를 모조리 끄집어냅시다.

의(衣), 식(食), 주(住), 유(遊), 학(學), 건(健).

어느 공부모임 자리에서 동료들과 함께 생각한 6가지 니즈입니다.

유는 놀이·유흥, 학은 배움, 건은 건강입니다.

그럼 여기서 언급한 하나하나의 사항에 대하여 당신이 70세가 되었을 때 무엇이 필요한가를 생각해보며 답해 주기 바랍니다.

6개의 각각의 사항에 대하여 매달 얼마 정도의 비용이 필요할까요?

충실하고 안심하고 살 수 있는 생활을 전제로 생각해보세요.

70세가 된 시점에서 주택자금을 내야 하는 상황, 아이의 나이 등 확실한 요소들도 잊지 말고 포함시키기 바랍니다.

매달의 수치가 나왔으면 1년이면 얼마가 되는지 계산해보세요.

예를 들어 평균적인 달이라면 유흥이나 식비는 그다지 지출할 일이 없을 겁니다.

하지만 일에 쫓기지 않는 70세에는 여름, 겨울 휴가를 부부동반으로 여유롭게 보내고 싶다고 생각할 수도 있습니다.

앞으로의 삶의 계획을 짜는 동기를 강화하기 위해 다음과 같이 생각해보는 것도 좋을지 모릅니다.

6개의 니즈 중 조금 더 투자하고 싶은 부분이 있다면 그것은 무엇입니까?

저와 아내가 가끔 노후에 대한 얘기를 할 때면 나오는 것이 여행만큼은 많이 하자는 것. 즉, 놀이 부분입니다.

그것이 구체적으로 어느 정도의 사치이고, 그것에 들어가는 돈이 연간 얼마나 되는지는 전혀 계산하고 있지 않습니다.

이런 내용을 쓰면서 당신과 함께 셀프 코칭을 하고 있는 것입니다.

안심하고, 그러면서도 동시에 즐겁게 살기 위해 매달 얼마를 확보할 것입니까?

첫머리에서 한 질문과 같은 맥락입니다만 강도를 조금 더 세게 했습니다.

앞으로, 당신이 진심으로 이상적인 노후를 향해 행동을 일으킬 수 있도록 말입니다.

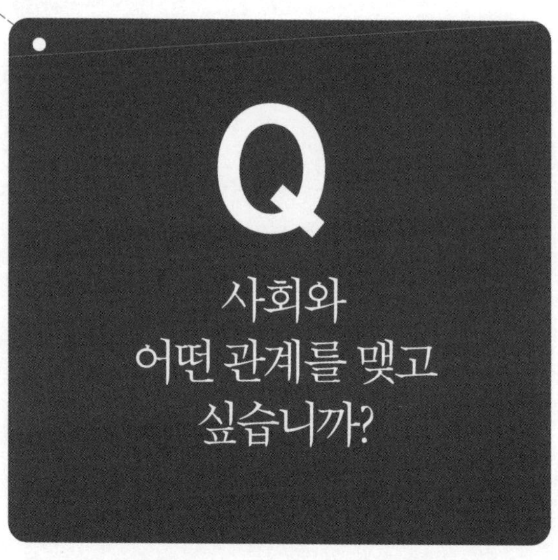

40대인 지금, 사회를 몇 겹으로 겹쳐진 크고 작은 다양한 인간의 원이라고 합시다.

저도 당신도 그 원 안의 어딘가에 속해 있으면서, 때때로 소용돌이를 일으키듯 발버둥치면서 다른 그 누구도 아닌 자기 자신을 연기하고 있습니다.

이 원에서 싹둑 잘려나가, 원심력으로 밖으로 방출되었다고 합시다.

갑자기 당한 정리해고, 예정했던 정년퇴직도 사회의 원에서 떨어져 나가는 것에 별반 차이는 없습니다.

그 후, 당신은 어떻게 하고 싶습니까?

원심력으로 던져진 채, 한쪽 끝에 조용히 웅크리고 앉아 여생을 보내는 사람. 내팽개쳐진 사람끼리 작은 원을 만들어 자기들만의 세상에서 사는 사람. 그런가 하면 소리 높여 컴백을 요구하고, 강제로 원래 있던 원 속으로 돌아가는 사람도 있습니다.

돌아갈 곳이 없음을 알고는 원 안에 있는 몇 명을 뽑아와, 혼자 힘으로 새로운 원을 만들어내는 사람도 있습니다. 이것은 사회와 떨어져 있는 원이 아니라 사회라는 원에 가세한 새로운 원입니다.

당신이 이상적으로 생각하는 삶은 어느 것에 가깝습니까?

지금까지 속해 있던 원에 남아 어깨를 살짝 수그리고 작아져 있는 경우도 있습니다.

다시 한 번 무수히 많은 큰 원들이 서로 겹쳐져 있는 것＝사회를 떠올려보세요.

그리고 그 원과 떨어진 곳에 있는 사람들과 떨어진 장소에 만들어진 다른 세계의 원도 떠올려보세요.

가장 생생하고 활기찬 나의 모습은 어디에서 찾을 수 있을 것 같습니까?

어느 워크숍에서 강의했을 때 자신의 장래의 모습을 이렇게 그린 사람이 있었습니다.

"지금은 도망가고 싶어도 갈 수 없는 원의 중심에 있는 느낌이잖아요. 70세가 됐을 때도 건강하다면 이런 원을 자유롭게 들락날락하고 싶네요. 지금보다 느슨하게 손을 잡고, 가끔 밖으로 나가서 원의 모습을 관찰하는 거예요. 그리고 다시 마음이 끌리면 원으로 돌아와서 '여기가 찌그러졌어' 라든가 '여기는 아주 깨끗한 원으로 되어 있던데' 하고 충고를 해주는 겁니다. 지금처럼 원 속에 푹 빠져 있으면 잘 안 보이던 것도 잘 보이게 되지 않을까요?"

당신은 어떤 모습을 그리셨습니까?
반드시 한 가지 모습이 아니어도 좋으니 이미지를 확장해보세요.
아직 최종적인 답을 낼 필요는 없고, 또 그렇게 할 시기도 아니니까요. 하지만 이런 생각을 해보는 것은 쓸데없는 일이 아니라고 생각합니다.

바라던 자리에 자신의 몸을 둘 수 있었던 것처럼 지금의 당신이 할 수 있는 것은 무엇입니까?
혹시 가까운 곳에서 보신 분도 계시겠지만, 퇴직 후 빈껍데기처럼 되어버리는 사람이 적지 않습니다.
자신이 원해서 빈껍데기처럼 된 사람은 없을 겁니다.
사실은 다른 길이 그 앞에도 펼쳐져 있었을 겁니다.
당신에게, 그것은 어떤 길일까요?

여기서는 노후의 라이프스타일을 가슴으로 아주아주 가까이 접근해봅시다. 무엇을 하는가보다는, 어떤 마음으로 살아가고 싶은가라는 마음에 대해서 말입니다.

한 예를 들겠습니다.

40대 경영자로서 매우 성공한 사람 중 하나인 K푸드서비스 사장 J씨. 그는 현재 44세지만 2013년에 점포수 1,000점을 달성하면 일선에서 물러나 청소년 교육에 제2의 인생을 걸겠다고 공언했습니다.

여기서부터는 상상입니다.

J씨에겐 경영자로서 맛본 것과는 또 따른 무언가를 맛보고 싶다는 욕구가 있는 것이 아닐까요?

H씨, D씨 등 입지전적인 경영자들 중에서 경영 현장에서 인재육성의 길로 인생의 날개를 바꾸는데 성공한 사람들이 있습니다.

어떻게 하면 먹고 살 수 있을까 같은 고민을 안 해도 되는 사람들이니까 이상을 실현하는 거야…… 라고 치부해버리는 건 쉽습니다.

하지만 노후에 대해 '죽을 때까지 사는 수단' 만으로 생각한다니 저는 생각만 해도 등줄기가 오싹합니다.

당신은 어떤가요?

그런 발상을 하고 있으면 진짜 행동으로 옮길 수 있는 파워는 도저히 나올 수 없다고 생각합니다.

예전에 기자로서 취재차 여러 번 신세를 진 K회사의 전 인사부장이었던 분으로부터 메일이 도착했습니다.

정년퇴직을 하고 고향으로 돌아가, 사촌이 경영하는 작은 회사에 고문으로 취임한다고 씌어 있었습니다.

인사·노무 지도자, 감사역을 맡게 된 것 같았습니다.

"기업인으로서 축적해온 것을 가능한 한 환원코자 합니다." ― 그 문장을 통해 성실하고 정직한 성품을 떠올리며, 아마 수고료 정도의 적은 급여로 그 일을 맡으셨구나 하고 상상했습니다.

메일에 그런 요지의 글을 써서 보냈더니 답변이 왔습니다.

역시 예상했던 대로였습니다.

"아내와 둘이 시골에서 살면서 사치를 하지 않으면 돈은 별로 안 듭니다. 그보다는 사회에 기여하고 있다는 실감을 추구하고 있습니다."

이 글에 앞으로 그가 맛보고 싶은 것이 선명하게 나타나 있다는 생각이 듭니다. 그렇기 때문에 더더욱, 그만큼 중요한 것을 잘라낼 수 있는 것이겠지요.

지금은 필요하지만 노후에는 그다지 필요하지 않은 것은 무엇입니까?
지금은 필요없지만 노후에는 매우 필요할 것 같은 것은 무엇입니까?
지금도 노후에도 변치 않고 필요한 것은 무엇입니까?
세 가지 관점에서 생각해 보면 어떨까요?

여기에 덧붙이자면 지금도 노후에도 이런 일만은 겪고 싶지 않다는 일은 무엇입니까?
자, 그럼 당신의 노후는 어떤 맛인가요?
그 맛을 찾아내기 위한 시간은 아직 충분합니다.

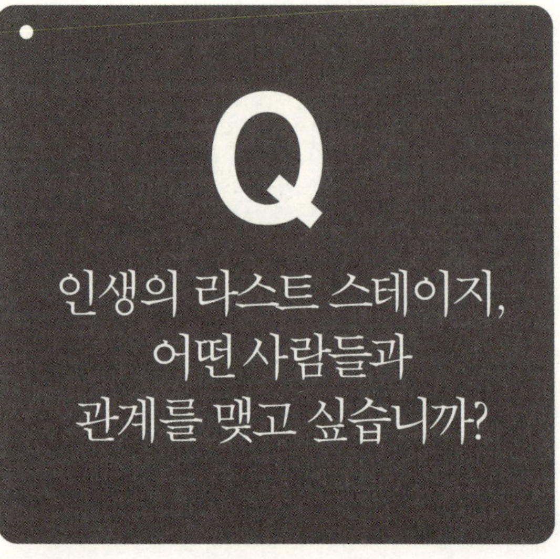

일단 현역생활을 끝내면 인간관계가 크게 달라지는 것이 보통입니다.

정년퇴직한 다음 해부터 집에 도착한 연하장의 수가 월등히 줄었다와 같은 서글픈 얘기도 있습니다. 그렇다고 해서 굳이 일부러 왁자지껄하게 지내는 것이 반드시 행복한 것은 아닙니다.

하지만 많은 사람들이 어떠한 형식으로든 '사람과의 유대'를 원하고 있는 건 아닐까요?

너무 바빠서 될 수 있으면 어디 먼 곳으로 도망가 버리고 싶었던 나날. 사람들의 소용돌이에 휩싸여 있는 40대가 유대가 끊긴 나날을 생각하는 건 비현실적인 것인지도 모릅니다.

하지만 그런 날이 갑자기 찾아와 너무도 큰 차이에 당황하는 사람들이 많은 것이 사실입니다.

그것이 우울증이나 질병 등으로 이어지는 경우도 있으니 조금은 심각하게 생각해보지 않겠습니까?

당신은 어떤 노인이 좋습니까?

자신의 먼 미래(하지만 곧 도래할 것 같은)만 생각해도 매우 실감이 나기 때문에, 지금 거기에 보이는 '노후 스타일'에 시선을 돌려보세요.

그저 노인이라고 해도 막상 의식해서 관찰해 보면 생명력의 강도나 분출하는 방법, 사물을 바라보는 시각 등은 실로 매우 다양합니다.

모델이 될 만한 사람을 한 사람 꼽는다면 누가 떠오릅니까?

노인이라고 하기엔 조금 조심스럽지만 주변을 한번 돌아보세요.

분명 모델이 될 만한 사람이 꼭 있을 겁니다.

"보통 할아버지로 돌아가고 싶다." — 이 얼마나 멋있는 말입니까?

여기에 "앞으로 사회에 봉사라면 어디라도 갈 거다." — 이 뒤에 돈은 필요없다는 말을 덧붙여봅니다.

이런 끝이 없는 은퇴는 비즈니스 세계에서 코치를 하고 있는 저의 이상이기도 합니다.

자, 그럼 당신은 어떻습니까?

확실한 모델이 서면 되고 싶은 자신의 모습이 구체적으로 그려질 것입니다. 그것은 현재와 미래의 당신을 둘러싼 인간관계에도 영향을 줍니다.

점점 시간의 소중함이 뼈에 스미는 이 시절부터 어떤 사람들과 사귀냐 하는 문제는 매우 중요하게 여겨지지 않습니까?

그럼, 지금 당신이 그리고 있는 사람들과……

어떤 목적을 공유하고 싶습니까?

미래를 생각하는 뜻, 아이들의 교육, 지역 살리기, 환경보전, 새로운 사업의 성공, 복지 등등.

지시나 명령을 내리거나 들을 필요가 없는 몇 안 되는 인간관계에서 가치관의 공유는 유대를 만드는 열쇠가 될 것입니다.

시간에 쫓겨, 자신의 가치 따위 어딘가에 두고 온 건 아닌지요?

때로는 그것을 파헤쳐서 먼지를 털어주세요.

코치로서 경영자들과 관계를 맺기 시작할 무렵, 가장 먼저 부딪힌 벽이 하나 있습니다. 그것은 경영자가 사업을 하는 목적, 또는 경영자인 것의 목적을 도무지 알 수 없을 때입니다.

쉽게 말해, 사장이 되고 싶어서 사장이 됐다는 사람이 의외로 많다는 것을 알게 된 것입니다. 왜 사장이 됐는가를 알고 싶어도 실은 그 당사자 자신에게 그 이상이 없었던 것입니다.

노후를 다루는 여기에서 왜 이런 이야기를 꺼내는가 하면, 그렇게 당황하면서 머릿속에 떠오른 것이 첫머리에서 한 질문이었기 때문입니다.

"당신은 무엇이 하고 싶습니까?"라는 질문을 그만두고,

"무엇을 남기고 싶나요?"라고 물어보자 한 창업자는 답을 말하지 못했습니다.

"돈이라든가 성공, 명성…… 뭐 이런 걸까요.

사원들에겐 장래 유망한 회사랄까요."

그 대답 다음으로 제가 한 질문은 다음과 같은 것이었습니다.

"자신의 돈과 명성, 또는 장래 유망한 회사, 이 둘 중 하나만 남길 수 있다면 당신은 어느 쪽을 남기고 싶으세요?"

거짓말은 다 보이고 있다고 생각했는지 그는 솔직하게 대답했습니다.

"돈과 명예죠."

저는 그것을 부정하지 않습니다.

하지만 그것은 본인이 남기고 싶은 결과이지 뒤를 이어받을 사람에게 전달하는 것은 아닙니다.

경영의 철학이라든가 이념, 조직의 풍토, 그러한 것이라면 전하고 싶은 것에 들어갈 수 있겠지요. 여기서 언급한 것은 경영자와 나눈 대화지만, 노후의 동기라는 것 역시 후세에게 전하고 싶은 것이 있는가 없는가에 따라 다르다고 생각합니다. 생각하는 것이 어렵다면 당신의 과거를 돌이켜보세요.

당신은 할아버지나 할머니, 그리고 부모, 그밖의 다양한 인생선배들로부터 어떤 것을 물려받았습니까?

그 중에서 지금까지 가장 가치 있게 여기는 것은 무엇입니까?

어렵게 생각할 것 없습니다.

예를 들어 가족에 대한 한없는 애정. 그것만이라도 엄청난 선물이 아닐까요?

단지 평소에 의식하지 않았기 때문에 당장 답이 안 나오는 것뿐입니다. 그럴 때는 자신이 지금까지 사람들로부터 어떤 영향을 받아왔는지 모두 꺼내보세요.

사람에 따라서는 동기를 부여받는 요소가 모두 다르기 때문에 표현을 바꿔 몇 가지 질문을 한꺼번에 던지겠습니다.

당신은 인생의 마지막 스테이지에서 사람들에게 어떤 영향을 주고 싶습니까?

당신은 인생의 마지막 스테이지에서 사람들에게 어떤 지원을 해주고 싶습니까?

당신은 인생의 마지막 스테이지에서 사람들에게 어떤 인상을 남기고 싶습니까?

그것을 달성하고 만족감을 얻은 자신의 모습을 잠깐 상상해보세요.

그 모습이 저 멀리 보일 때 "인생은 이제 막 시작이구나."라고 말한 사람이 있었습니다.

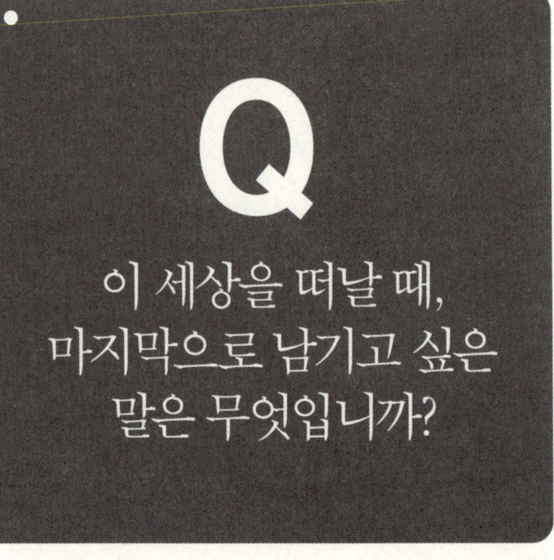

이 책을 읽어주신 당신과 제게는 확실한 공통점이 4가지 있다고 생각합니다.

자신의 의지와는 상관없이 태어났다는 것.
자신의 의지와는 상관없이 죽는다는 것.
그리고 그 생의 시작과 끝,
그 사이를 가능한 한 행복하게 살고 싶다고 바라는 것.
하지만 그 과정에는 크고 작은 많은 문제들이 일어난다는 것.

이 4가지가 당신과 제 삶의 공통점이 아닐까요?

자, 태어나는 것과 죽는 것은 의지와는 상관없으며, 행복을 바라는 것은 본능적으로 타고난 의지일 겁니다.

그럼 그 과정에서 발생하는 문제는 어떻습니까?

거기에 어떤 의지가 개입할 수 있을까요?

저는 바로 이 점에 인생의 열쇠가 있는 것이 아닌가, 라고 마흔이 넘어서야 생각하게 되었습니다.

이야기를 알기 쉽게 풀기 위해 질문을 하나 하겠습니다.

당신은 자신에게 일어나고 있는 문제를 지금, 어떻게 받아들이고 있습니까?

지금 가지고 있는 문제 중 하나를 선택해 한번 생각해보십시오.

코치의 입장에서 말하자면, 계속해서 좋은 결과를 내는 사람에겐 다음과 같은 특징이 있습니다.

그것은 문제를 해결가능한 과제로 바꾸어, 건설적인 방향으로 찾아 내는 사람. 그리고 계속해서 성과를 쌓아가는 사람. 나아가 다시 일어 난 문제에서 배우고, 장애를 뛰어넘어 성장해나가는 사람. 그 과제 해 결과 성장을 뒤에서 밀어주는 것이 코치라는 이름을 지닌 사람의 역 할입니다.

실행하는 건 당신 이외에 그 누구도 아닙니다.

그런 의미에서 닛산의 카를로스 곤 사장은 자신을 사원들의 코치라고 말한 것 아닐까요?

지금, 당신은 자기 인생의 주인공역을 제대로 하고 있다고 선언할 수 있습니까?

뜻대로 안 되는 일의 연속, 눈부신 활약도 없다. 도저히 주인공이라고 할 수 없다. 그렇게 생각할 수도 있지만 '뜻대로 안 된다' 고 단정하고 있는 건 누구입니까?

이 예기치 않은 사태는 나에게 어떤 의미가 있는 걸까, 이렇게 생각을 바꿀 수도 있습니다. 위기를 기회로 바꾸는 사람은 사건에 의미부여를 잘 합니다.

이것이 가능해지면, 내 인생이 내 손안으로 돌아왔다고 실감할 수 있습니다.

인생이라는 무대의 주인공이 되기 위해
그 첫발을 어떻게 내딛을 결심을 했습니까?

마지막으로 이 책을 읽어주신 한 분 한 분의 코치로서 강하게 요구하고 싶은 것이 있습니다.

40대 이후의 인생을 지금까지 살아온 반생보다 충실한 것으로 만들기 위해, 새로운 도전을 하세요. 물론 그 주제는 당신이 자유롭게 정하는 겁니다.

여기서 문제는, 그 새로운 도전에 대한 당신의 질문입니다.

268

그리고 생각해보세요.

당신에게 필요한 답은 모두 당신 안에 있습니다.

.

마흔에 만나는 9가지 질문

1판 1쇄 발행 2013년 10월 10일
지은이 강준린, 요시다 히사시 **펴낸곳** 북씽크 **펴낸이** 최석원
주 소 서울시 성동구 행당동 192-29 성동샤르망 1019호 **전 화** 070-7808-5465
등록번호 제206-86-53244 **ISBN** 978-89-97827-16-9 **이메일** bookthink2@naver.com

＊잘못된 책은 구입처에서 교환해 드립니다